中國道教文化研究

初 編

第 13 冊

道教文獻中孝道文學研究

周 西 波 著

花木蘭文化事業有限公司

國家圖書館出版品預行編目資料

道教文獻中孝道文學研究／周西波 著 — 初版 — 新北市：花
木蘭文化事業有限公司，2020〔民 109〕
目 2+152 面；19×26 公分
（中國道教文化研究 初編：第 13 冊）
ISBN 978-986-254-390-0（精裝）
1. 道教文學　2. 孝悌　3. 研究考訂
234.5　　　　　　　　　　　　　　　　　　　　　　99018498

ISBN-978-986-254-390-0

9 789862 543900

中國道教文化研究
初　編　第十三冊　　　　　ISBN：978-986-254-390-0

道教文獻中孝道文學研究

作　　　者　周西波
總 編 輯　杜潔祥
副總編輯　楊嘉樂
編　　　輯　許郁翎、張雅淋　美術編輯　陳逸婷
出　　　版　花木蘭文化事業有限公司
發 行 人　高小娟
聯絡地址　235 新北市中和區中安街七二號十三樓
　　　　　　電話：02-2923-1455／傳眞：02-2923-1452
網　　　址　http://www.huamulan.tw 信箱 hml810518@gmail.com
印　　　刷　普羅文化出版廣告事業
初　　　版　2020 年 3 月
全書字數　113175 字
定　　　價　初編 20 冊（精裝）台幣 40,000 元

道教文獻中孝道文學研究

周西波　著

作者簡介

周西波，臺灣省澎湖縣人。國立中正大學文學博士。現任國立嘉義大學中國文學系副教授。專業領域為道教文獻與文學、敦煌學。已出版《杜光庭道教儀範之研究》、《道教靈驗記考探——經法驗證與宣揚》二書，並發表〈敦煌寫卷 P.2354 與唐代道教投龍活動〉、〈論杜光庭青詞作品之文學價值〉、〈《白澤圖》研究〉、〈敦煌寫本《靈寶自然齋儀》考論〉、〈敦煌寫卷 BD.1219 之道教俗講內容試探〉、〈從火精到雷部之神——略論宋無忌傳說與信仰〉、〈中村不折舊藏敦煌道經考述〉等論文十餘篇。

提　要

　　本書為作者於 1995 年 6 月完成之碩士論文，書中首先透過歷史的觀點，探究政治社會及法律之背景，以及道教本身之發展脈絡，和儒、釋二教在此一過程所發揮的影響力，對孝道在道教教義所扮演之角色及其儀式之本質有所釐清，發掘道教孝道文學之所以產生的原因。其次就道教文獻中之孝道文學，按其體裁形式之不同，加以整理分類，別為詩詞、語錄、勸孝文、青詞、科儀文、歌讚及講唱等項目，並分析其特點。繼而就不同形式之作品，歸納其內容之相似處及語言文辭之共通性，亦可見其表現手法之變化，由於孝道即在處理父母與子女之倫常關係，故其內容大致不脫父母恩德、行孝方法及孝子事跡三大範疇。道教孝道文學在發展過程中，與儒、釋作品有著吸收融合的密切關係，故亦取儒、釋相關作品與其比較，以明其淵源或影響，並藉以突顯道教孝道文學之特色。

目次

第一章　緒　論

第一節　研究動機

　　孝道爲吾國傳統文化之根柢，經由儒家提倡，更成爲一切道德之本源，而後起之道教及外來之佛教，爲了適應吾國民情，以利其傳佈，也都對孝道採取肯定的態度，故而闡述孝道思想之文學作品乃普遍存在於三教典籍、文獻之中。然因先秦儒家對孝道之重視與鼓吹，使得孝道成爲儒家倫理思想之核心成分，《孝經》之作，更被視爲奉行儒家孝道之圭臬，故歷來論及孝道每以儒家爲依歸，對儒家經籍之孝道思想或文學之探討，可謂歷代不絕。佛教孝道文學之受到注意，與敦煌文獻之發現有著相當大的關係，由於敦煌卷子包含大量佛教典籍文獻，其中即有許多闡揚孝道之變文、歌讚等作品，乃受到學者重視，分別撰文探討孝道與佛教文學之關係，如饒宗頤〈孝道觀念與敦煌佛曲〉〔註1〕、陳祚龍〈敦煌古抄中世釋眾唱導行孝報恩的歌曲文集〉〔註2〕及潘師重視〈從敦煌遺書看佛教提倡孝道〉〔註3〕等論文。而鄭師阿財有《敦煌孝道文學研究》〔註4〕，對佛教與孝道之關係以及保存於敦煌之唐代佛教孝道文學加以辨析，明其演變及對後世文學之影響，使佛教孝道文學獲致較有系統之整理與論述。

〔註1〕饒宗頤〈孝順觀念與敦煌佛曲〉，載《敦煌學》第一輯，1974 年 7 月，頁 69～78。
〔註2〕陳祚龍〈敦煌古抄中世釋眾唱導行孝報恩的歌曲文集〉，收入《敦煌文物隨筆》，台灣商務印書館，1979 年 4 月，頁 280～305。
〔註3〕潘師重規〈從敦煌遺書看佛教提倡孝道〉，載《華岡文科學報》十二期，1980 年 3 月，頁 197～267。
〔註4〕鄭師阿財《敦煌孝道文學研究》，台北：石門圖書公司，1982 年 8 月。

　　與儒、釋二教相較，道教之相關作品則尚未受到相對之重視，雖前賢偶有論及，然仍嫌不足，如對道教孝道思想的介紹，雖有鍾肇鵬〈道教的倫理思想〉〔註5〕、李養正〈論道教與儒家的關係〉〔註6〕及楠山春樹〈道教和儒教〉〔註7〕等論文，以及散見於李剛《勸善成仙──道教生命倫理》〔註8〕、卿希泰《道教與中國傳統文化》〔註9〕等專著中，然均係概論道教之倫理思想而及於孝道，除了李剛之作所言較詳外，其餘均未深入探究，至於有關道教孝道文學，則有秋月觀暎〈道教和佛教的父母恩重經〉〔註10〕、潘師重規〈敦煌變文新論〉〔註11〕、鄭師阿財《敦煌孝道文學研究》及許師端容《二十四孝研究》〔註12〕等，主要分析佛、道二教之相關作品而連類及之，其所論為道教中之部分作品，並非呈現道教孝道文學之整體面貌。

　　鄭師有鑒於此，故嘗言對道教孝道文學有必要做完整而深入之研究，本文之作即受鄭師之啟發，擬針對道教文獻中孝道文學作品，做一系統之整理與研究，希望能夠釐清道教與儒、釋二教在孝道方面之關係，藉以考察三教文學之共通處，並闡明道教孝道文學之特質及其與其他文學作品之關係。

第二節　研究範圍、方法及目的

一、研究範圍

　　本文之研究材料，主要以《正統道藏》〔註13〕、《道藏輯要》〔註14〕、《莊

〔註5〕鍾肇鵬〈道教的倫理思想〉，收入《宗教・道德・文化》，寧夏人民出版社，1988年4月，頁236～256。

〔註6〕李養正〈論道教與儒家的關係〉，載《世界宗教研究》，1992年四期，頁1～13。

〔註7〕楠山春樹〈道教和儒教〉，收入《道教》第二卷，上海古籍出版社，1992年11月，頁39～70。

〔註8〕李剛《勸善成仙──道教生命倫理》，四川人民出版社，1994年7月。

〔註9〕卿希泰編《道教與中國傳統文化》，福建人民出版社，1990年9月一版，1992年6月二刷。

〔註10〕秋月觀暎〈道教和佛教的父母恩重經〉，載《宗教研究》三十九卷第四輯，1966年3月。

〔註11〕潘師重規〈敦煌變文新論〉，載《幼獅月刊》四十九卷一期，1979年1月，頁41～48。

〔註12〕許師端容《二十四孝研究》，中國文化大學中文研究所碩士論文，1981年6月。

〔註13〕《正統道藏》，藝文印書館印行，1962年。

〔註14〕賀龍驤校勘、彭文勤等纂輯《道藏輯要》，台北：考正出版社，1971年7月。

林續道藏》〔註 15〕及《藏外道書》〔註 16〕等幾部道教重要叢書爲主。今存敦
煌遺書中亦留存有相當多的道經，其中頗有可持與道藏參校訂補者，本文乃
依據日人大淵忍爾之《敦煌道經・目錄篇》〔註 17〕及《敦煌道經・圖錄篇》
〔註 18〕所錄加以論述。另部分流傳於民間道士中之作品，經由學者田野調查
搜集所得，本文亦就其著作所載錄者列入討論，如日人田仲一成《中國的宗
族與戲劇》〔註 19〕，及〈道教儀禮與祀神戲劇之間的關係〉〔註 20〕均載有福
建莆田道士之說唱作品，黃文博《台灣冥魂傳奇》〔註 21〕則錄有台南道士所
說唱之《十月懷胎經》，鄭師阿財亦出示法國施博爾藏之部分台灣道教講唱文
獻，這些與《莊林續道藏》所收錄之孝道文獻皆屬同一地域流傳之作品，內
容文辭相近，故亦爲本文探討之範圍。至於民間宗教如黃天教、弘陽教及一
炷香教等，雖與道教淵源頗深，因時間及能力有限，故不列入本文取材討論
之範圍。

二、研究方法及目的

　　道教做爲一種宗教，其作品的產生自然與其信仰基礎及儀式有著密切關
連，對其教義的理論及儀式的形式，必須透過歷史的觀點，探究政治社會及
法律之背景，以及道教本身之發展脈絡，和儒、釋二教在此一過程所發揮的
影響力，方能對孝道在道教教義所扮演之角色，以及道教儀式中所包含之孝
道思想有所釐清，發掘道教孝道文學之所以產生的原因。

　　其次，對材料之處理，乃就道教文獻中之孝道文學，按其體裁類別進行
整理，並大別爲詩詞、語錄、勸孝文、青詞、科儀文、歌讚及講唱等項目，
分析其特點。繼而就不同形式之作品，歸納其內容之相似處及語言文辭之共
通性，亦可見其表現手法之變化，由於孝道即在處理父母與子女之倫常關係，
故其內容大致不脫父母恩德、行孝方法及孝子事跡三大範疇。道教孝道文學

〔註 15〕蘇海涵（Miichael Saso）輯編《莊林續道藏》，台北：成文出版社，1975 年台
　　　　一版。
〔註 16〕《藏外道書》，巴蜀書社，1992 年 8 月。
〔註 17〕大淵忍爾《敦煌道經・目錄篇》，東京：福武書店，1978 年 3 月。
〔註 18〕大淵忍爾《敦煌道經・圖錄篇》，東京：福武書店，1979 年 2 月。
〔註 19〕田仲一成《中國的宗族與戲劇》，上海出版社，1992 年 8 月
〔註 20〕田仲一成〈道教儀禮與祀神戲劇之間的關係〉，《國際道教科儀及音樂研討會
　　　　論文集》，香港圓玄學院，1989 年。
〔註 21〕黃文博《台灣冥魂傳奇》，台北：台原出版社，1992 年 2 月。

在發展過程中，與儒、釋作品有著吸收融合的密切關係，故須取儒、釋相關作品與其比較，以明其淵源或影響，並藉以突顯道教文學之特點。

最後以道教孝道文學作品與其他闡揚孝道之文學作品包括民間歌謠、小說、戲曲及寶卷等相互比較，藉以窺探彼此在形式、內涵等相通處或影響之痕跡。

道教文學研究雖有伍偉民、蔣見元的《道教文學三十談》〔註 22〕、楊先文、甘紹成的《青詞碧簫——道教文學藝術》〔註 23〕及詹石窗的《道教文學史》〔註 24〕等專門論著，而期刊論文亦見有〈青詞瑣談〉〔註 25〕、〈道教醮儀頌偈祝咒探賾〉〔註 26〕等有關篇章，然對道教文學的價值及其定位有著不盡相同的評價，與其他文學範疇的研究相較，實有待進一步開發。本文研究之目的，即希冀在前賢的基礎上，以「孝道」之專題結合道教文學作品，嘗試對道教孝道文學進行有系統的整理分析，藉以透視儒、道、釋三教文學作品根本共同點之一，及其相互之影響，並闡明道教孝道文學之特質，析論與其他文學之關係，給予道教文學應有的評價與定位。

〔註 22〕伍偉民、蔣見元《道教文學三十談》，上海社會科學院出版社，1993 年 5 月。

〔註 23〕楊光文、甘紹成《青詞碧簫——道教文學藝術》，四川人民出版社，1994 年 7月。

〔註 24〕詹石窗《道教文學史》，上海文藝出版社，1992 年 5 月。

〔註 25〕長虹〈青詞瑣談〉，載《中國道教》，1990 年二期，頁 19～22。

〔註 26〕羅熾〈道教醮儀頌偈祝咒探賾〉，載《中國道教》，1990 年三期，頁 26～32。

第二章　道教對孝道之提倡

　　欲解析道教孝道文學，首先必須釐清道教與孝道結合的脈絡，其中包括道教為何積極提倡孝道，並構造那些孝道經典，以及孝道在道教教義中具有何等地位，道教透過何種方式來宣揚其孝道思想等等，而這些正是道教孝道文學所賴以產生的基礎，茲分節論述之。

第一節　道教提倡孝道之原因

　　道教於東漢創立之初，即重視中國傳統的孝道觀念，今存最早的道教經典《太平經》中，便有提倡孝道的篇章，例如：卷九十六〈六極六竟孝順忠訣〉第一百五十二，卷一百十四〈不孝不可久生誡〉第一百九十四等。魏晉以後，孝道思想更大量出現於戒律及經文之中，成為道教教義的重要成份。宋代以後的淨明道及全真道，甚至直接標榜「忠孝」為主要教義或奉《孝經》為主要經典，由此可知孝道思想在道教中實扮演著重要的角色，詳究其所以重視孝道思想的原因，要而言，約有以下數端：

一、配合政治社會崇孝之風氣

　　孝順觀念於中國起源甚早，《尚書・舜典》云：「帝曰：『契！百姓不親，五品不遜，汝作司徒，敬敷五教，在寬。』」所謂五教，即是「父義、母慈、兄友、弟恭、子孝」〔註1〕。《孟子・滕文公上》亦曰：「聖人有憂之，使契為司徒，教以人倫，父子有親，君臣有義，夫婦有別，長幼有序，朋友有信。」

〔註1〕《左傳・文公十八年》：「舉八元，使布五教於四方：父義、母慈、兄友、弟共、子孝。」

顯然「以孝化民」爲古代教育之重要宗旨。周代宗法制度形成，血緣關係與政治關係合一，更有利於孝道觀念的發展，周公制禮作樂，孝道即是禮樂文化中的重要內涵。其後再加上儒家的大力提倡，孝道已然成爲中國文化的根柢，不僅是個人倫理道德的規範，也是爲仁之本，其「孝慈則忠」〔註2〕的思想，也有利於君主的統治，促使帝王的提倡孝道。

漢代獨尊儒術，對儒家文化的基礎精神「孝道思想」的提倡自然是不遺餘力，《後漢書·荀爽傳》云：「漢制使天下誦孝經。」史家評其「以孝治天下」，由此可知在漢代時期對孝道思想的高度重視。道教興起於東漢末年，教義自不能不受當時政治情勢及社會風潮的影響，故明白漢代之崇孝風氣亦可窺知道教提倡孝道之源由。康學偉《先秦孝道研究》一書中對漢代崇尚孝道的大概情況有所論述〔註3〕，茲據其說加以補充說明如下：

（一）西漢共歷十三帝，除高祖及在位僅有四年的少帝恭及少帝弘之外，其餘十位的帝號，都冠有孝字。東漢亦然，除光武及在位僅一年的第七代少帝懿之外，其餘十一位的帝號也都冠有孝字。顏師古云：「孝子善述父之志，故漢家之諡，自惠帝以下皆稱孝也。」〔註4〕由此可見漢代帝王對於孝道的重視。

（二）據趙岐《孟子》題辭云：「漢興，孝文欲廣遊學之路，《論語》、《孝經》、《孟子》、《爾雅》，皆置博士；後罷傳記博士，獨立五經而已。」而《法言·學行篇》宋咸注亦言文帝時置《孝經》博士，可見漢文帝時曾試圖提高孝經的學術地位。至昭帝時則以《孝經》未明，令舉賢良文學高第，通過薦舉的方式來促使《孝經》受到重視。《漢書·昭帝本紀》云：

> 始元五年六月詔曰：朕以渺身獲保宗廟，戰戰栗栗，夙興交寐，修古帝王之事，通保傅傳《孝經》、《論語》、《尚書》未之有明，其令三輔太常舉賢良各二人，郡國文學高第各一人。

又《漢書·平帝本紀》云：「元始五年春正月，徵天下以五經、《論語》、《孝經》、《爾雅》教授者在所爲駕一封軺傳遣詣京師。」顯見《孝經》在漢代已然受到高度的重視，並致力於提高它的學術地位，其重要性逐漸等同於五經，可以說是奠定了《孝經》被列入經學位置的基礎。

〔註2〕見《論語·爲政》。

〔註3〕參康學偉《先秦孝道研究》，台北：文津出版社，1992年10月，頁167～172。

〔註4〕見《漢書·惠帝本紀》注。

　　此外，在漢代的教育方面，《孝經》亦已成爲重要的教材之一，不僅皇帝及太子要讀《孝經》，即一般學校乃至虎賁士皆須學習《孝經》。《漢書‧疏廣傳》云：

　　　　地節三年，選丙吉爲太傅，廣爲少傅，數月，吉遷御史大夫，廣徙
　　　　爲太傅，在位五歲，皇太子通《論語》、《孝經》。

《漢書‧平帝本紀》云：

　　　　元始三年，夏，立官稷及學官，郡國曰學，縣道邑侯國曰校，校學
　　　　置經師一人，鄉曰庠，聚曰序，序庠置《孝經》師一人。

《新唐書‧薛放傳》云：

　　　　《論語》，六經之精華也；《孝經》，人倫之大本也。漢時《論語》首
　　　　立於學官。光武令虎賁習《孝經》。

此外《後漢書‧樊宏傳》載樊準上皇后疏曰：

　　　　明皇帝兼天地之資，用日月之明，庶政萬幾，無不簡心，而垂情古
　　　　典，游意經藝，期門羽林介冑之士悉通《孝經》。

　　（三）漢代帝王對於獎勵孝悌力田可謂不遺餘力，據《漢書‧高后紀》載，高后元年，初置孝悌、力行各一人，祿二千石。又《漢書‧文帝紀》載文帝詔曰：

　　　　孝悌，天下之大順也；力田，爲生之本也；三老，眾民之師也；廉
　　　　吏，民之表也。朕甚嘉此二三大夫之行。……而以戶口率置三老孝
　　　　悌力田常員，令各率其意以導民焉。

此後兩漢的帝王幾乎都有「賜孝悌力田帛」、「賜孝悌力田爵」的獎勵事蹟，如「元帝初元元年詔有司宣明教化，賜孝悌力田帛。」〔註5〕「綏和二年四月哀帝即位，賜三老孝悌力田帛」〔註6〕、「建初三年三月賜三老孝悌力田爵人三級」〔註7〕等等，此種措施，必然對一般百姓的奉行孝道，產生相當大的鼓勵作用，有助於孝道的推廣風行。

　　（四）察舉孝廉的制度創始於漢代，《漢書‧武帝紀》載：「元光元年冬十一月初令郡國舉孝廉。」又云：「舉孝廉所以化元元，移風易俗也，不舉孝，不奉詔，當以不敬論。」經由官制的誘導及法令的規定，確保百姓行孝得以

〔註5〕　見《漢書‧元帝本紀》。
〔註6〕　見《漢書‧哀帝本紀》。
〔註7〕　見《後漢書‧章帝本紀》。

任官的權利，以及地方官吏用心察舉孝廉的義務，對人民更具有強烈的吸引力，其較之前面所言的賜帛賜爵，可以說是有了更進一步的推動力量。

（五）漢代統治者還通過養老活動向全社會推行強化孝的意識。如《漢書·文帝本紀》載元年三月詔曰：

> 老者非帛不煖，非肉不飽，今歲首不時使人存問長老，又無布帛酒肉之賜，將何以佐天下孫孝養其親。今聞吏稟當受鬻者，或以陳粟，豈稱養老之意哉。具爲令有司請令縣道，年八十以上，賜米人月一石，肉二十斤，酒五斗；其九十以上，又賜帛人一疋，絮三斤。

一種宗教的產生，必須考量到它生存及發展的條件，而其中最重要的因素，就是取得主政者的支持。道教創立於東漢，因應孝道觀念高漲的政治與社會現象，而提倡孝道以利其傳播，乃是自然之事。《太平經》云：「（孝）聞帝廷，州郡所舉，一朝被榮。」〔註8〕顯然是在於推崇漢代推舉孝廉的制度。又曰：

> 佃家謹力子，平旦日作，日入而息，不避勞苦，日有積聚，家中雍雍，以養父母，得土之利，順天之道，不敢爲非，有益縣官。〔註9〕

又云：

> 爲吏皆孝於君，益其忠誠，常在高職，孝於朝廷。……有大命天下，諸所不當犯者盡除，並與孝悌力田之子，賜其緜帛酒肉，長吏致敬，此皆天下恩分，使民順從。〔註10〕

完全是配合漢代的政策，獎勵孝悌力田，勸人行孝，勤於耕作，莫爲亂事，以益縣官之治化。又卷一一四《爲父母不易訣》末云：「右天上說孝以止逆亂卻夷狄令下順易治」明白標舉「令下順易治」的訴求，即可看出其藉由配合政治宣傳以博取主政者的支持及社會認同的目的。

唐代也是極爲推崇孝道的朝代，「李唐立國，雖重佛老，然亦深明『孝道』於政治的作用，故仍一秉以來『以孝治天下』的政策，於儒家之孝道倡導尤爲積極。」〔註11〕其中尤以唐玄宗爲然。鄭師阿財曾就政治、教育及法

〔註8〕見《太平經合校》卷一一四某訣第一九二，台北：鼎文書局，1979年7月，頁592。

〔註9〕同註8，卷七十三～八十五，頁302。

〔註10〕同註8，頁593。

〔註11〕參見鄭師阿財著《敦煌孝道文學研究》，台北：石門圖書公司，1992年8月，頁21。

律三方面深入論述唐代倡導孝道之情形，包括玄宗御注《孝經》，頒行天下，並爲中央及地方學校教材，童稚啓蒙、婦女教育也有大量勸孝格言要訓，除了政法及教育的積極提倡，更在消極禁制上，與予相當之關注，藉嚴厲之法律懲處，以抑止不孝之行徑，期以孝道融和社會，安定天下〔註12〕。道教於唐代達於極盛，受到唐代帝王的扶植，其宗教義理自不能與其相悖，方能維持優勢之地位，所以對孝道之提倡乃屬必然之事。日人秋月觀暎即認爲《太上老君說報父母恩重經》是道教支持唐玄宗重視《孝經》的政策而編寫的。〔註13〕

二、道教人物與儒家關係之密切

　　道教中的人物有許多是棄儒入道，此爲中國歷代文人的普遍現象，當儒士在人生旅程遭遇困境，有志難伸時，往往轉而追求佛老，企求心靈的解脫。然而在其入道門之前所接受的儒家思想，忠孝等觀念仍然深植心中，一時無法拋卻，故而將其融入道教義理之中，藉以調和出世入世的衝突。例如出身士族家庭的葛洪，十六歲時開始研讀《孝經》、《論語》、《詩經》、《易》等儒家經典及「諸史言百家之言」近萬卷，但未成純儒，再加上所處時代動盪不安，其身經八王之亂、張昌、石冰之動亂以及北方民族的入侵，乃至西晉的滅亡，一方面造成「百憂攻其心曲，眾難萃其門庭，居世如此，可無戀也」〔註14〕的消極心理，一方面卻也堅定了其「委桑梓，適嵩岳，以尋方平、梁公之軌」〔註15〕的學仙之志。雖然如此，其自小所接受的儒家思想，仍然深深影響著葛洪的道教理論。《抱朴子內篇・對俗》云：

> 抱朴子曰：蓋聞身體不傷，謂之終孝，況得仙道，長生久視，天地相畢，過於受全歸完，不亦遠乎？果能登虛躡景，雲輿霓蓋，餐朝霞之沆瀣，吸玄黃之醇精，飲則玉醴金漿，食則翠芝朱英，居則瑤堂瑰室，行則逍遙太清。先鬼有知，將蒙我榮，或可以翼亮五帝，或可以監御百靈，位可以不求而自致，膳可以咀茹華璃，勢可以總攝羅酆，威可以叱吒梁成，誠如其道，罔識其妙，亦無餒之者。得

〔註12〕同註11，頁18～37。
〔註13〕參秋月觀暎〈道教史〉，收入《道教》第一卷，上海古籍出版社，1990 年 6 月，頁47。
〔註14〕見《抱朴子內篇・論仙》。
〔註15〕見《抱朴子外篇・自述》。

> 道之高，莫過伯陽。伯陽有子名宗，仕魏爲將軍，有功封於段干。
>
> 然則今之學仙者，自可皆有子弟，以承祭祀之事，何緣便絕！

蓋《孝經‧開宗明義章》云：「身體髮膚，受之父母，不敢毀傷，孝之始也。立身行道，揚名於後世，以顯父母，孝之終也。」葛洪即以道教的追求長生久視，全生成仙不僅與儒家的孝道無任何衝突，且爲達致實踐孝道的方法，所謂「受全歸完」、「先鬼有知，將蒙我榮」云云，與儒家的「行孝以不毀爲先，揚名爲後」〔註16〕的思想實際上是一致的。同文又云：

> 欲求仙者，要當以忠孝和順仁信爲本，若德行不修，而但務方術，
>
> 皆不得長生也。

也是肯定儒家的倫理道德，並認爲這些德行是道教求得長生久視的先決條件。凡此皆可看出儒家思想在葛洪建立道教理論時所存在的影響。

南朝時期的陶弘景也是少受儒業，九歲開始讀《禮記》、《孝經》等儒家經典，頗以屬文爲意。長大後因仕途不利而歸隱茅山。觀其曾作《孝經、論語集注并自立意》十二卷、《三禮序并自注》一卷等著作。顯見受儒家思想影響甚深，故而其所作《真誥》中，同樣肯定孝道在修道成仙中的重要性，認爲至忠至孝至貞至廉者，乃可不待修學而自得。《真誥》卷十六〈闡幽微第二〉云：

> 夫至忠至孝之人既終，皆受書爲地下主者一百四十年，乃得受下仙
> 之教，授以大道，從此漸進，得補仙官。一百四十年聽一試進也。
> 夫至孝勢能感激鬼神，使百鳥山獸巡其墳塋也。至忠者能公犯直心，
> 精貫白日，或剖藏煞身以激其君者也。比干今在戎山，李善今在少
> 室，有得此變者甚多，舉此二人爲標耳。……右此五條皆積行獲仙，
> 不學而得，但爲階級之難造，道用年歲耳。要自得度名方諸不復承
> 受三官之號令矣。〔註17〕

除此之外，任繼愈《中國道教史》認爲，在唐末五代以後，大量抱著保性命以度亂世，或是修習方術以救世的目的者湧入道教，這些內儒外道的道士無形中使道教滲入了更多的儒家思想，造成北宋道教向儒釋二教靠攏，也爲南宋道教全真派的形成准備了條件。〔註18〕

同時，道教人物因秉持儒家孝道觀念而身體力行的亦所在多有，如被

〔註16〕 見《孝經》注。
〔註17〕 見《正統道藏》太玄部定字。
〔註18〕 見任繼愈編《中國道教史》，上海人民出版社，1990年10月，頁404。

淨明道奉爲始祖之一的吳猛，其「夏月手不驅蚊，懼其去己而噆親」〔註19〕的孝行，即爲歷代傳誦不絕。全真教徒由儒入道而踐履孝道者爲數更夥，據元‧李道謙《甘水仙源錄》記載，教主王重陽「始於業儒，其卒成道，凡接人初機，必先使讀《孝經》、《道德經》，又教之以孝謹純一」〔註20〕。其弟子七真之一的劉長生則「謹事孀母，特以孝聞。」〔註21〕另一弟子郝大通亦是「少孤，事母孝」〔註22〕，受重陽點化之時，「以有老母，未即入道，明年，母捐館，師乃棄家入崑崙山，禮真君於煙霞洞，求爲弟子。」〔註23〕其教徒中甚且亦有割股療親者，如全陽真人周全道，「喪其父，生理蕭索，竭力以事母。母忽感奇疾，百療不愈，師割股與藥同進，厥疾乃瘳。鄉黨以孝聞。……乃母氏之終天也，哀毀過禮，幾於滅性。嘆曰：『吾嘗聞道家有言：一子進道，九祖登仙。欲報罔極之恩，無踰此時。』」遂入馬丹陽門下〔註24〕。又有范圓曦，號玄通子，「居母喪，露處墓側，父喪，具凶服，日一往，雖大風雨不避。幼業儒，喜涉獵書傳，務通大義而已。年十九，從郝太吉學爲全真。」〔註25〕其餘《甘水仙源錄》中所載人物事蹟，以孝聞於鄉里者尚多，這些人於父母生前盡孝，於父母死後又極盡哀毀之禮，可謂貫徹了儒家孝順觀念，入道之後，對孝道在道教中的傳播，自有其重大的影響力。任繼愈《中國道教史》說：「金元時期的全真教把出家修仙與世俗的忠孝仁義相爲表裡，把道教社會化，實際上是儒教的一個支派。」〔註26〕

　　此外，儒家思想長期處於統治地位，在中國歷史上，官方始終以儒家禮教爲正統的文化主流，道教爲求生存，也不得不依附儒家，與儒者保持良好的關係。即以標榜「越名教而任自然」，倡放逸之風的魏晉時代而言，「需要指出，魏晉時的思想動蕩並沒有從根本上動搖儒家禮教在社會思想上的統治地位，倫理綱常的教條也是別的學派無法取代的中國統治者的必需品。玄學家都竭力調和名教和自然的關係，其他學派包括佛教和道教也只有和儒

〔註19〕見《晉書‧吳猛傳》。
〔註20〕見《甘水仙源錄》，《正統道藏》洞神部記傳類息字，卷一〈全真教祖碑〉。
〔註21〕同註20，卷二〈長生真人劉宗師道行碑〉。
〔註22〕同註20，卷二〈廣寧通玄太古真人郝宗師道行碑碑〉。
〔註23〕同註22。
〔註24〕同註20，卷四〈終南山全陽真人周尊師道行碑〉。
〔註25〕同註20，卷四〈普照真人玄通子范公墓誌銘〉。
〔註26〕同註18，序文，頁6。

教配合或調和才能存在下去。」〔註27〕正因如此，道教人物與儒者往往保持良好而密切的關係，這也是促使道教義理肯定孝道倫理的主因之一。北魏時期爲道教建立較爲完備教規教儀的寇謙之，即是藉由向儒家的靠攏以取得當時儒者崔浩的信任，並進而促使道教取得較佛教優越的地位。《魏書·崔浩傳》云：

> 天師寇謙之每與浩言，聞其論古治亂之跡，常自夜達旦，竦意斂容，無有懈倦。既而嘆美之曰：「斯言也惠，皆可底行，亦當今之皋繇也。但世人貴遠賤近，不能深察之耳。」因謂浩曰：「吾行道隱居，不營世務，忽受神中之訣，當兼修儒教，輔助泰平眞君，繼千載之絕統。而學不稽古，臨事闇昧。卿爲吾撰列王者治典，並論其大要。」

其假託神意「當兼修儒教」，取得了與儒教合作的關係，而其以儒家禮法充實道教內容，更符合了「大欲齊整人倫，分別姓族」〔註28〕的崔浩之要求。《魏書·釋老志》載寇謙之託稱太上老君降言：

> 吾此經誡，自天地開闢以來，不傳於世，今運數應出。汝宣吾《新科》，清整道教，除去三張偽法，租米錢稅，及男女合氣之術；大道清虛，豈有斯事。專以禮度爲首，而加之服食閉練。

觀其所作《大道家令戒》云：

> 吾晨夜間流四海之內，行於八極之外，欲令君仁臣忠，父慈子孝，夫信婦貞，兄敬弟順。……其能壯事守善，能如要言，臣忠子孝，夫信婦貞，兄敬弟順，内無二心，便可爲善得民矣。……但當戶戶自化以忠孝，……。〔註29〕

又《女青鬼律》云：

> 六者不得輕慢老，罵詈親戚，夫妻咒咀，自相煞害，毒心造凶，不孝五逆，天奪筭一百八十。
>
> 十三不得一父子別居，居家離散，天奪筭二十二。
>
> 十六者不得逃遁父母，遊行四方，位立眞氣自相收合，天奪筭三百二十。〔註30〕

〔註27〕見胡孚琛著《魏晉神仙道教》，北京：人民出版社，1990年3月，頁38。
〔註28〕見《魏書·盧玄傳》。
〔註29〕見《正一法文天師教戒科經》，收於《正統道藏》洞神戒律類力字。
〔註30〕見《正統道藏》洞神部戒類力字。湯一介先生認爲《正一法文天師教戒科經》及《女青鬼律》均爲寇謙之所作。見《魏晉南北朝時期的道教》，台北：東大

由《魏書・釋老志》所載：「浩奉謙之道，尤不信佛，與帝言，數加非毀，常謂虛誕，爲世費害。帝以其辯博，頗信之。」可見寇謙之將儒家道德倫理列爲道教徒眾必遵的教條，確能博取當時儒教領袖崔浩的認同，故而能夠促使道教取得較佛教優越的地位。

南宋興起的淨明道，可以說是儒道融合的典型，教養以首重忠孝爲特色，《靈寶淨明法序》言其淨明法乃「以孝悌爲之準式，修煉爲之方術行持之秘要」〔註31〕。其形成之初主要在民間流傳，除了實踐忠孝倫理之外，也重視內丹修煉及符咒，但並不普及，至元代而有由儒入道的劉玉等人更新淨明教義，乃促使其教大興。其原因也在於劉玉使其完全儒學化，淡化了宗教色彩。《淨明忠孝全書》卷三引劉玉言：「此教法大概，只是學爲人之道，淨明忠孝人人分內有也，但要人自肯承當，入此教者，或仕或隱遯，無往不可，所貴忠君孝親，奉先淑後。」〔註32〕又云：「淨明只是正心誠意，忠孝只是扶植綱常，但世儒習聞此語爛熟了，多是忽略過去，此間卻務眞踐實履。」〔註33〕完全是一副儒者的口氣，可見其受儒家影響之深，與宋明理學之援佛道入儒，同樣展示三教合一的趨勢。同書又引其言云：

> 今淨明大教之興，劈初便是壇記壇銘道說法說，高文大論，總名淨明忠孝之書，每用儒家文化開化何邪？此是教法變動處。經章符咒開化亦久矣，儒家往往視爲虛無荒唐之論，今此都仙眞君以實理正學更新教法，緣仙材法器貴得明理之士，相與抹世度生，仰贊化育，所以示此也。〔註34〕

其假託許眞君神意，手法正與寇謙之如出一轍，而同樣取得了儒士的認同，故在其弟子編《淨明忠孝全書》時，乃有當時名士大夫如虞集、趙世延、張珪、滕賓、曾巽申、彭埜等人爲之作序，遂能引起上層社會的重視，使淨明道盛興一時。

三、三教論爭之刺激

魏晉時期興起的三教論爭中，儒釋道三教爲求自己本身的發展，以及優

　　出版社，1988年12月，頁221。
〔註31〕見《正統道藏》洞玄部方法類身字。
〔註32〕見《正統道藏》太平部奉字。
〔註33〕同註32。
〔註34〕同註32。

劣順序，一方面彼此詰難，一方面又吸引對方的教理教義，以促使本身理論的完備。在這一連串的論爭之中，中國傳統的倫理思理是其主要的議題之一，而佛教義理與人倫的衝突也成了儒道二教攻擊最力的地方，此種批評自東漢已啓其端。如《太平經》中的〈天咎四人辱道誡〉云：

> 而今學道者，皆爲四毀之行，共污辱皇天之神道，并亂地紀，訖不可以爲化首，不可以爲師法，不可以爲父母，俱共毀敗天之寶器，天之皆名之，名爲大反逆之子。……其第一曰不孝，第二曰不能性真，生無後世類，第三曰食糞飲小便，第四行爲乞者，故此四人者，皆共污辱天正道，甚非所以興化而終古爲天上天下師法者。窮其妻子而去者，是皆大毀失道之人也。無可法，是大凶一分之人也，不可爲人師法，安而中天師法乎？〔註35〕

「此雖未明言所指爲何種教派，但顯係是批評佛教的。蓋於其時佛教雖已傳入，流傳未廣，故《太平經》尚未直指其教派而批評之。」〔註36〕佛教的出家及剃頭，被認爲與孝道嚴重抵觸，也是其飽受攻擊之處，然而在一些神仙道術的傳說中，亦多有棄家而成仙者，故而葛洪一方面以全生成仙爲行孝之訴求，一方面則反對出家，故《抱朴子‧對俗篇》云：「何必須於山林，盡廢生民之事，然後乃成乎？」又云：「若委棄妻子，獨處山澤，邈然繼絕人理，塊然與土石爲鄰，不足爲也。」

魏晉南北朝時期，佛道之間的衝突與爭勝愈趨激烈，道教義理的粗糙和儀範制度的不夠完備，難與精深的佛理抗衡，道教與儒家聯合，針對「違反人倫」及「外來宗教」的論點，成爲攻擊佛教的最有利武器，如劉宋泰始三年，道士顧歡作《夷夏論》即批評佛教云：

> 下棄妻孥，上廢宗祀，嗜欲之物，咸以禮伸，孝敬三典，獨以法屈，悖德犯順，曾莫之覺。〔註37〕

又云：

> 全形守祀，繼善之教也；毀貌易姓，絕惡之學也。理之可貴者道，事之可賤者俗。〔註38〕

〔註35〕同註8，卷一〇七，頁655。
〔註36〕見湯一介著《魏晉南北朝時期的道教》，台北：東大出版社，1988年12月，頁314。
〔註37〕見《弘明集》卷六〈正二教論〉引文。
〔註38〕同註37。

顧歡即是以標榜道教「不棄妻孥」、「全形守祀」的孝道形象，來作爲道教優於佛教的論據。其後南齊道士作《三破論》，言佛教破國破家破身，唐代道士李仲卿作《十異九迷論》亦云：「老君之教以復孝慈爲德本；釋迦之法以捨親戚爲行先。」〔註39〕又云：

> 老君作範，唯孝唯忠，救世度人，極慈極愛，是以聲教永傳，百王不改，玄風長被，萬古無差，所以治國治家，常然楷式。釋教棄義棄親，不仁不孝。闍王殺父，翻說無愆；調達射兄，無聞得罪。以此導凡，更爲長惡，用斯範世，何能生善？〔註40〕

同樣是強調忠孝在道教義理中的重要地位，極力詆毀佛教的違反人倫。

在儒者方面發表類似言論者更多，如荀濟、李瑒、章仇子陀、以及曾爲道士的傅奕等，均對佛教「不孝」之罪大加撻伐。而佛教亦針對道教而加以反擊，《決對傅奕廢佛法僧事》云：

> 奕言眾僧剃染衣，不謁帝王，違離父母，非忠孝者。今之道上，戴幘冠巾，應拜時君，在家侍養爲忠孝不？今既不然，豈獨偏責。〔註41〕

又云：

> 道士張魯亂於漢朝，孫恩反於晉國，陳瑞習道而夷族，公旗學仙而滅門，亂國破家，豈有忠孝也？〔註42〕

又云：

> 尋老子絕慮守眞，亡懷厭俗，捐親弗顧，棄主如遺，豈論奉孝守忠，治民佐世也。〔註43〕

此外《十喻篇》舉〈化胡經〉言，而謂「老訓狂悖殺二親爲行先」，《九箴篇》則以「莊周非末代厚葬，失禮之本。」〔註44〕來抨擊道教不合孝道的行跡及教理。三教論爭的過程中，不但迫使佛教忙於解釋其教義與孝道並無衝突，強調佛經中提倡孝道的篇章，並造作《佛說父母恩重經》等經書，在道教方面自然亦不甘示弱，也促使孝道觀念高漲，成了三教共同的重點理論。

〔註39〕見《廣弘明集》卷十三〈十喻篇〉引文。
〔註40〕同註39。
〔註41〕見《廣弘明集》卷十二。
〔註42〕同註41。
〔註43〕同註41。
〔註44〕見《廣弘明集》卷十三。

綜合以上所言，道教的強調孝道，乃由於儒家思想的強勢，不僅影響統治者的政策，也植根於民眾心理，道教之興，自難脫離此一文化根柢，再加上佛教之受攻擊，道教欲與佛教爭勝，更促成道教儒化的趨向，使得孝道在道教教義中的地位逐步升高，成為道教理論之核心思想。

第二節　道教之孝道經典

道教的典籍中，首先大量論述孝順的重要性和行孝的方法者，以《太平經》為代表，據近人王明考證，《太平經》非出於一時一人之手，大抵是西元二世紀前期的作品。〔註45〕

《太平經》為了因應漢代的崇孝風氣，乃以固有之孝德配合其宗教理念，以利其傳播。如云：

> 慈孝者，思從內出，思以藏發，不學能得之，自然之術。行與天心同，意與地合，上有益帝王，下為民間昌率，能致和氣，為人為先法，其行如丹青，故使第一。〔註46〕

它肯定了孝道乃人之自然本性，合於天心地意，並且抬高了孝道的作用和地位，認為行孝可以致太平之氣，故為為人的第一要件。另外它也透過真人與神人的問答，表達了世俗的孝順觀念和道教的孝道之差異，突顯了道教的宗教訴求。如卷四十七〈上善臣子弟子為君父師得仙方訣〉中之真人云：

> 然上善孝子之為行也，常守道不敢為父母致憂，居常善養，旦夕存其親，從已生之後，有可知以來，未嘗有重過罪也，此為上孝子也。

神人則曰：

> 噫！真人所說，類似又非也，此所說謂為中善之人也，不中上孝也，……上善第一孝子者，念其父母且老去也，獨居閒處念思之，常疾下也，於何得不死之術，嚮可與親往居之，賤財貴活而已。思弦歌哀曲，以樂其親，風化其意，使入道也，樂得終古與其居，而不知老也，常為求索殊方，周流遠也，至誠乃感天，力盡乃已也。

此處所言之上善孝子，乃是為父母求不死之術，使父母入道，說明了道教借

〔註45〕參見王明《道家和道教思想研究》，中國社會科學出版社，1990 年 8 月，頁 200。

〔註46〕同註9，頁 301。

由孝道觀念以推廣其長生成仙思想的目的。

在《太平經》中倡導孝順觀念的篇章，主要見於卷四十七〈上善臣子弟子爲君父師得仙方訣〉、卷九十六〈六極六竟孝順忠訣〉、卷一八〇〈忠孝上異聞訣〉、卷一一四〈某訣〉〔註47〕以及卷一一四〈不孝不可久生誡〉等，另有一些闕題的篇章，見於卷七十三至八十五及《太平經鈔・辛部》之中，亦以闡揚孝道爲其主題。在這些經文之中，有傳統儒家的孝順觀念，如善養父母、全身、揚名顯親、有益教化等，如云：

> 夫孝者，莫大於存形，乃先人統也，揚名後世，此之謂善人謹民。
> 〔註48〕

又云：

> 爲人父母，亦不容易。子亦當孝，承父母之教，乃善人骨肉肢節，
> 各保令完全，勿有刑傷。父母所生，非敢還言，有美輒進。家少財
> 物，賕恭溫柔而已，數問消息，知其安危，是善之善也。〔註49〕

更多的是結合了宗教的理念，包含了陰陽五行的思想、承負觀念、長生思想等，認爲事陰過陽則致逆氣爲逆政，而生、父屬陽，死、母屬陰，故事死不得過生，事母不得過父。孝子當爲父母求不死之術，孝感動天則可保父母、子孫平安，以及行孝可以長生，不孝則天地憎之，不惟不可久生，且死後見對，居不毛之地。如：

> 天定其錄籍，使在不死之中，是孝之家也。〔註50〕

又曰：

> 不孝而爲道者，乃無一人得上天者也。雖去，但悉見欺於邪神佞鬼
> 耳。會皆住死於不毛之地，無人之野，以戮其形。〔註51〕

這些論點幾乎都爲後世的道教理論所繼承，並加以發揮。此外《太平經》還認爲出家修道與孝道有違，故求道當「求之於閑室，無遠父母而去妻子」〔註52〕，此一觀念亦爲葛洪所繼承，於《抱朴子》中即有所強調。

魏晉南北朝時的道教，雖然也強調孝順的重要性，但主要是將其列入戒

〔註47〕敦煌本太平經殘卷 S.4226 作「太平經卷第百十四，孝行神所訣百九十二」。
〔註48〕同註8，卷一五四～一七〇〈經鈔辛部・盛身卻災法〉，頁723。
〔註49〕同註8，卷一一四〈爲父母不易訣〉，頁626。
〔註50〕同註8，頁593～594。
〔註51〕同註8，卷一一七〈天咎四人辱道誡〉，頁656。
〔註52〕同註51，頁666。

律之中，形成道德的教條，加重了它的強制性質。唐宋以後，由於帝王的提倡，掀起了另一波的崇孝風氣，以及道教的儒化趨向加深，使得道教中開始大量編寫專門倡導孝道的經文，至清代猶陸續出現。其主要的經典有《元始洞眞慈善孝子報恩成道經》、《太上老君說報父母恩重經》、《太上眞一報父母恩重經》、《玄天上帝說報父母恩重經》、以及《文昌孝經》等，茲分別述之如下。

一、《元始洞眞慈善孝子報恩成道經》

《元始洞眞慈善孝子報恩成道經》一卷，收入《正統道藏》「洞眞部」本文類宿下。另外《正統道藏》「太平部」母上收有《太上洞玄靈寶八仙王誡經》一卷，除部分用字差異，可能為抄錄時的筆誤外，內容則與《元始洞眞善子報恩成道經》完全相同，則《元始洞眞慈善孝子報恩成道經》又名《太上洞玄靈寶八仙王教誡經》。

此外，敦煌卷子編號 P.2582 號，卷首題作「慈善孝子報恩成道經道要品第四」，卷尾題作「報恩成道經卷第四」，內容與《元始洞眞慈善孝子報恩成道經》完全不同，姜亮夫〈敦煌所見道教佚經考〉〔註53〕、陳國符《道藏源流考》〔註54〕、日人大淵忍爾《敦煌道經·目錄篇》〔註55〕皆據此說明《正統道藏》中的經文並非全帙，而咸以為今本道藏未收此經。然察《正統道藏》「洞玄部」本文類服下收有《洞玄靈寶道要經》正是《元始洞眞慈善孝子報恩成道經》的「卷第四道要品」，且《洞玄靈寶道要經》中有「風浪所漂，永失來路，口口道者亦復如是」之句，文缺二字，可據敦煌卷子 P.2582 號補之，其文為「失生道者亦復如是」。而其與《太上洞玄靈寶八仙王教誡經》均為同一經書，而竟分別歸入洞眞、洞玄及太平不同的三部，顯見道藏分類之錯亂。

其成立之時代難以確立，不過由於「標有紀年的敦煌道經抄本，時間上大致都集中在盛唐到中唐時期，大約從六世紀後半期到八世紀中葉」〔註56〕，

〔註53〕參見姜亮夫〈敦煌所見道教佚經考〉，收入《敦煌學論文集》上冊，上海古籍出版社，1986 年 6 月，頁 320。

〔註54〕參見陳國符《道藏源流考》，台北：古亭書局，1975 年 3 月，頁 218。

〔註55〕參見日人大淵忍爾《敦煌道經·目錄篇》，東京：福武書局，1978 年 3 月，頁155。

〔註56〕見金岡照光〈敦煌與道教〉，收入《道教》第三卷，上海古籍出版社，1992年 11 月，頁 155。

而且「抄本多寫於中原王朝的統治占絕對優勢的時期，在吐蕃及以後歸義軍統治時期，即所謂在與中原隔絕的情況下，幾乎沒有抄本。」〔註57〕由此推測，《元始洞眞慈善孝子報恩成道經》至遲在盛唐至中唐這一時期已然流行，並不排除其爲唐前道經的可能。〔註58〕

　　《元始洞眞慈善孝子報恩成道經》乃以類似語錄的形式，以「道曰」敘述之，如同儒書的「子曰」，佛書的「佛曰」。其內容大概可以歸納爲以下幾段：第一段言元始無上大道應化之氣分形爲左、右、中三眞，元始天尊授其號曰：至孝眞王，一治日中，二治月中，三治斗中，隨方設教，推廣孝道，具有無比的神力。第二段敘種種有違孝道的行徑，因失孝道而入地獄，受諸種苦。若修孝道，則具種種妙用，可隨心應變，並得無畏果，脫離生死、暗障、飢寒、眾試及有形等怖畏，而成道身。第三段強調孝的力量，可以使天地萬物平和順利。第四段勸人敬天順地，朝禮三光，亦是孝之履行。第五段勉人道心須堅，勿行詐僞，勿食葷辛。最後說供養奉持此經則可得道。

　　至於《洞玄靈寶道要經》，即《元始洞眞慈善孝子報恩成道》卷四的內容，則更是強調孝道的重要，「孝」成了僅次於「道」的偉大力量，認爲「有形之類，非道不生，非孝不成」，「萬物之類，人居其長，萬靈之中，大道最尊，仁孝尊道，故名孝道」。孝道出有入無，無所不在，而蟲鳥猶知反哺，不孝之人不如禽獸，必成「蠱尸」，會有守尸之精住其身中。人須先行孝而後行道，並舉三個因孝心感天而成仙的故事。最後則是再次強調孝的重要性及孝的種種力量。

　　觀此經文，當與唐代曾經盛行一時的許遜信仰有密切關係，《孝道吳許二眞君傳》中云：

> 從晉元康二年眞君舉家飛昇之後，至唐元和十四年約五百六十二年，遞代相承，四鄉百姓聚會於觀，設黃籙大齋，邀請道流，三日三夜，昇壇進表，上達玄元，作禮焚香，克意誠請，存亡獲福，方休暇焉。〔註59〕

傳末並有「永淳三年，奉敕再興孝道」之語，顯然唐代時期，以許遜崇拜爲主的孝道信仰頗爲盛行，而現存記載許遜傳說最早者，即當推《孝道吳許二

〔註57〕同註56，頁156。
〔註58〕曾召南先生即直接將其列於南北朝道經之中。見卿希泰編《道教與中國傳統文化》，福建人民出版社，1992年6月，頁168。
〔註59〕見《正統道藏》洞玄部譜錄類虞字。

真君傳》，劉師培認為其作於唐憲宗元和年間〔註60〕，柳存仁亦推斷其應作於元和十四年（819）左右〔註61〕，時代大概晚於《元始洞真慈善孝子報恩成道經》。在此傳中言孝經本起於蘭公云：

> （蘭公）義居百人，同心合德，志行孝行，時感得斗中真人號孝悌王，即先王之次弟，明王之兄也。《孝經》云：「昔者明王之以孝治天下也。」斯之謂歟。以蘭公孝道之志，通於神明，遂降示蘭公孝道根本，言：「先王為日中王，明王為月中王。」又云：「先王玄炁為大道，明王始炁為至道，孝悌王元炁散為孝道，此三者起由玄元始炁也。」

另外文中尚言及孝悌王變為小兒，求為諶姆義子之事，皆與《元始洞真慈善孝子報恩經》經文有類似之處，如經文云：「左右中真結形之始，分於無上大道應化之氣，孕靈瓊胎。」又云：「爾時三真化作嬰童，託附真母，以漸長大，隨世成立，無上大道元始天尊授此三真號曰至孝真王。」「是時三真孝王一治日中，二治月中，三治斗中。」《元始洞真慈善孝子報恩成道經》卷四中則作「高明真王」之稱。疑此經乃受晉至唐代時的許遜信仰影響而編纂，而經中之至孝真王、高明真王演變分化為後來的先王、孝悌王、明王，而唐末杜光庭所作《墉城集仙錄》中〈諶母〉條言許遜被封為「高明大使」〔註62〕，可能與「高明真王」之神話亦有關連。

二、《太上老君說報父母恩重經》

　　《太上老君說報父母恩重經》一卷，今收入《正統道藏》「洞神部」本文類女下。其成立時代，日人秋月觀暎認為最遲撰於八世紀前半葉，謝明玲則認為撰於唐玄宗開元初年以後〔註63〕。察《太上慈悲道場消災九幽懺》卷七引有此經經文，自「夫形直者，其影必正」至第一首偈言止，中間刪去「忽離欄車，出於地上」至「私房之中，共相笑語」以及描述地獄狀況的二段文字〔註64〕。所引經文僅稍有差異，如「招感孝順，以為其子」作「招感孝順，

〔註60〕參見劉師培〈讀道藏記〉，《劉申叔先生遺書》第四冊，華世出版社，1975年4月，頁2269。

〔註61〕參見柳存仁〈許遜與蘭公〉，《和風堂文集》中冊，上海古籍出版社，1992年10月，頁717。

〔註62〕見《正統道藏》洞神部譜錄類竭字。

〔註63〕參見朱越利《道經總論》，遼寧教育出版社，1992年6月，頁90。

〔註64〕見《正統道藏》洞玄部威儀類木字。

以爲珍寶」，「罪畢受報，爲百勞鳥，生子能飛，共食其母」作「萬劫方生，受百勞鳥，生子欲飛，須共食母，方離巢穴」，「非義不親」作「非父不親」等等，所引偈言亦有不同：

太上老君說報父母恩重經	太上慈悲道場消災九幽懺
善善自會善　惡惡歸惡根 生前不慈孝　死後報何恩 苦哉縈痛毒　往返十八門 非吾三赦日　何得暫蒙原	善善自會善　惡惡歸惡根 生前不慈孝　死後永沉淪 備歷諸眾苦　往返十八門 非吾三赦日　超生永不聞 受身百勞鳥　骨肉被子分 報足歸人道　復會子兼孫

蓋文末之偈言乃以數句韻文總括全文，由此觀之，懺文之偈言似較經文完整，大概是經文傳抄時有所脫漏。

《太上慈悲道場消災九幽懺》卷首有「三洞法師玄靜先生李含光撰」之序，言此懺乃葛玄「於三洞品內撮其樞要，纂集懺文」，《道藏提要》認爲是僞託，實爲李含先依前代懺儀所編纂〔註65〕。其應是據當時所見經書編修而成，所引經文包括《太玄經》、《業報經》、《昇玄經》等，故《太上老君說報父母恩重經》亦應是據當時已有之經文抄錄，因其乃「撮其樞要」，故有所刪節。而據元‧劉大彬《茅山志》記載，李含光纂修經法主要有二次，一次是在司馬承禎死後：

　　司馬仙遊，玄宗召（李含光）居陽臺觀，歲餘稱疾，乞還句曲，纂

　　修經法。〔註66〕

司馬承禎死於開元二十三年，則此次纂修經法在於開元末年。另一次則在天寶六年，蓋天寶四年，玄宗再召含光入京，而於天寶六年回到茅山，修葺眞經秘籙，並奉詔搜訪散逸的經誥眞蹟，進上玄宗〔註67〕。而《太上慈悲道場消災九幽懺》很可能即在其中一次纂修經法的活動中編修完成，並節錄當時已經流行的《太上老君說報父母恩重經》，故《太上老君說報父母恩重經》的成立時代，最遲應不晚於天寶六年（747），與秋月觀暎所主張的年代大致相合。

〔註65〕參見任繼愈編《道藏提要》，中國社會科學出版社，1991年7月，頁393。
〔註66〕見《茅山志》卷十一，收於《正統道藏》洞眞部記傳類龍字。
〔註67〕見《茅山志》卷十一及卷二十三〈茅山玄靜先生廣陵李君碑并序〉，分別收入《正統道藏》洞眞部記傳類龍字、師字。

此經內容敘述眞人海空智藏詢問太上老君如何報父母深恩，太上老君乃爲之解說。首先說明孝悌者則子孫相承，一門孝慈不斷，不孝者則死入地獄，轉生百勞鳥，爲子所食，百劫之後則聚集五逆，共爲父子。次述父母深恩，從母親懷胎、生產、哺乳呵護、提攜養育至長大成人的種種辛勞及愛子之情，一直到爲兒子娶妻之後，遭兒子冷落及忤逆的晚年悲景，唯對天哀嘆，徒呼奈何。接著太上老君乃顯現不孝子在地獄受罪的慘狀，再現慈孝者在天堂享樂的歡景，最後勸戒眾生爲父母寫經設醮，拔度先祖，以報父母養育之恩，並於每日日中清齋燒香，轉讀《太上老君說報父母恩重經》，以消罪業及報父母。文中並穿插二首偈言，總括文意。

此經敘父母深恩的部分，感人至深，多爲四言體，文字樸實，所描述的也是最平常的生活細節，但卻最能體現父母無怨無悔的辛勞，也就更能引起一般大眾的共鳴，而得到普遍的認同。如其敘懷胎產育的情景云：

> 懷娠十月，縈妊胞重，坐臥失常。歲滿月充，誕育之候，其母恐怖性命，慨然惻怛，心神憂喪。產孕之日，內觸外觸，苦痛交切，失聲號叫，受大苦惱，匍匐戰懼，駭愕驚嗟。及至生已，手摩其頂，墮於草上，呱呱號啼，安藏被褥。側身三月，常畏邪魔之所侵害。飢時須飯，非母不哺；渴時須飲，非母不乳，計飲母乳八斛四升。千日提攜，遮蓋塵垢，推乾就濕，嚥苦吐甘，非義不親，非母不養。

又云：

> 懷汝十月，如攜重擔，氣息奔喘，劇於走馳。或時寒熱，坐臥不安，腹皮折裂，心胸填滿，髮落消瘦，不能飲食。臨生產時，逆前一月，常懷憂怖，恐不相離。或有時安，或有時患。當生之日，命如風燭，四肢百脈及以五藏，或如刀刺，或如鈎牽，或熱如火，或冷如水。比當解離，或死或生，盡世間苦，口不能述。既得生已，喜懼交集，諸苦諸痛，不可堪忍。

母親懷胎時的行動不便，臨產時的忐忑心情，分娩時的痛楚恐懼，以及產後對孩子的百般呵護，都在短短數句中有了深刻的刻劃與體現。又其敘母親對幼兒的牽掛云：

> 母或東西，碓磨鄰里，官私急切，不得時還，即知我兒，家中啼哭，母子天親，心性相感，分母百骸，而爲兩身，氣血相傳，兩體

無二，兒既憶母，母即心驚，馳步走歸，兩乳湧出，還到門外，見
子庭中，或在欄車，或房門際，或有人抱，或無人抱，或在床上，
或在地下，或時坐不淨，或時把泥草，或尚啼哭，或啼哭欲止，舉
眼見母，啼哭嘘嘻，搖頭弄腦，曳腹而行，嗚乎嗚乎，哀向其母。
母到爲兒屈身下就，長舒兩手，拭除不淨，吹嘘其口，以乳與之。
含孔（乳）看母，嘻嘻其聲，母見兒喜，兒見母喜，二情思想，慈
愛親重，情親相念，莫過於此。

利用平常的瑣事，卻描繪了一幅母子天性情眞意摯的天倫美景。幼子的天眞，
慈母的驚慌，及最後親情的交融，都是如此的自然，看不出一絲雕琢做作的
痕跡。最後敘述父母的辛勤勞苦，卻換來兒子的忤逆不孝，發人深省，具有
警醒世人的作用：

父母行來，值他酒座，或得餅肉，不敢不食，懷挾將歸，向與其
子。十回九回，恒常歡喜，一回不得，嬌聲伴啼，以此爲常。嬌生
不孝，孝子不嬌，必有慈順。及年長大，朋友相隨，年生少壯，耽
翫逸樂。梳頭摩髮，欲得好衣，揀擇精妍，持爲其子，麤疏弊惡，
父母自充。忽無衣裳，經求四遠。傾心南北，逐子東西，橫簪向
頭，爲索妻婦，情愛偏重，其母轉疏。私房之中，共相笑語，父母
年老，氣力漸衰，終朝至暮，不來省問。獨守空房，猶如外客，少
衣少食，飢凍切身。手腳胼胝，耳聾眼暗，單床飄薄，度日如年。
身既尪羸，多饒蟻蝨，蚊虻噆體，通夕不寐。長吟嘆息，何罪之
有，生此不孝之子。柱杖巡喚，低頭下氣，欲伸所欠，未盡前言，
其兒興聲，瞋目罵詈，回頭卻退，扶壁而歸，搥胸自非，流動目
腫，連聲唱苦，不如早亡。

其藉由平民最熟悉的生活情節，來啓發大眾的孝心，深入人心的教化作用，
不可謂不鉅。

　　佛教之中也有《佛說父母恩重經》〔註 68〕，與《太上老君說報父母恩重
經》之內容相似，文字大體相同，成立之時代亦相近，難以遽認何者先出，
以二者相較，則《太上老君說報父母恩重經》整體結構更爲完整，文字較爲
簡潔，行文敘事較爲流利順暢，《佛說父母恩重經》則顯得結構支離，有切割
銜接之痕跡，文字較簡略而不通順。秋月觀暎先生曾就二經經文舉例比較，

〔註68〕收於日本大正新修《大藏經》卷八十五。

認爲不論語言文字或敘事順序，《太上老君說報父母恩重經》都較《佛說父母恩重經》要來得高明，描情寫狀亦較爲細膩，故乃據以認爲《佛說父母恩重經》實剽竊《太上老君說報父母恩重經》之作〔註 69〕。然就文學發展而論，其由粗而精的軌跡正足以顯示《佛說父母恩重經》可能爲較早的作品。

三、《太上眞一報父母恩重經》

《太上眞一報父母恩重經》一卷，收入《正統道藏》「洞眞部」本文類宿下。察《道門科範大全集》卷七十四中收有杜光庭所作的〈道士修眞謝罪十方懺儀〉，其中有云：「注想於西那玉國乃上智問報恩之境，依元尊嘗說法之宮。」〔註 70〕顯然是指《太上眞一報父母恩重經》中上智仙人向元始天尊問報父母恩之事，蓋《太上眞一報父母恩重經》云：

> 元始天尊在西那玉國七寶城琉璃宮內，與諸天仙如常說法，〓鞅數眾周匝圍繞。爾時眾中有一仙人名曰上智，作禮前進而白天尊：「臣從昔劫以來屢聞正道，惟報父母恩重未〓因緣，願聽妙意爲眾演說，欲使來世有所稟修。」

杜光庭爲唐末五代時的道士，則《太上眞一報父母恩重經》或爲晚唐時期之經書。

此經經文簡短，經言上智仙人向元始天尊問如何報父母恩，元始天尊乃述說父母養子之種種辛勞，勸人爲父母多修齋供，廣造眞經，並於降生之日，精勤齋戒，廣修眾善，以報劬勞。內容與《太上老君說報父母恩重經》相近，儼然是其濃縮版，尤其是敘父母深恩之文字，當受《太上老君說報父母恩重經》之影響，其云：

> 天下人民皆因父母寄胎，誕育而得生身，受炁在胎，其苦〓量，懷胎十月，迅速不停，受孕滿時，肢脈俱解，其中非一，因以喪身，幼小嬰孩，提攜養育，洗浣穢濁，不憚艱辛，寧損己身，欲兒寧處，父母恩重，難報難量。

其所述之情景及運用之語言，均明顯可見仿自《太上老君說報父母恩重經》之痕跡，而其敘事的順序及包含的思想，亦與《太上老君說報父母恩重經》相類似，故此一經文很可能是在唐代佛道二教爭相宣說報父母深恩的熱潮中

〔註 69〕 參見秋月觀暎〈道教與佛教的父母恩重經〉，《宗教研究》三十九卷四輯，1966年 3 月。

〔註 70〕 見《正統道藏》正一部甲字。

所產生的作品，由於這些描述父母養育子女之勞苦的語言真摯感人，極具推廣教化之功能，故而在不同的經書中獲得普遍的流傳。

四、《玄天上帝說報父母恩重經》

《玄天上帝說報父母恩重經》一卷，收入《正統道藏》「洞神部」本文類女下。《續文獻通考》卷七十九〈群祀三〉云：「元大德七年十二月，加封真武為元聖仁威玄天上帝。」秋月觀暎即據此認為此經出於十四世紀之後〔註71〕。《道藏提要》疑其為明初道士所造〔註72〕，卿希泰主編之《中國道教》亦認為其為明代作品〔註73〕。然察《道門定制》卷五〈黃籙都疏〉中有云：

> 第八時奉為齋官某家報答父母劬勞深重之恩，各持念……已上聖號各持一十遍，各轉《太上真一報父母恩重經》一卷，《真武靈應真君報父母恩德經》一卷。〔註74〕

又《道門通教必用集》卷八〈威儀篇・黃籙九時啟經文〉中云：

> 以今第八遍齋主某家報答父母劬勞深重大思（恩），憑合壇道眾時念天尊聖號，轉誦《太上真一報父母恩重經》、《真武報父母恩重經》。〔註75〕

文末又云：

> 次各轉《太上真一報父母恩重經》、《真武靈應真君報父母恩重經》。

《道門定制》為南宋孝、光、寧三朝時的道士呂元素所編，是編分前後集，卷一至卷五成於淳熙戊申（1188），卷六至卷十成於嘉泰辛酉（1201）。淳熙戊申即南宋孝宗淳熙十五年，距北宋僅五年時間。而《道門通教必用集》為呂太古、馬太遠編，乃繼《道門定制》之後成書，呂太古與呂元素約同時期，不過本書有元成宗元年間道士韓混成序，蓋此書經後人增修，然亦遠在元成宗加封「玄天上帝」聖號之前。觀二書皆作《真武靈應真君報父母恩重經》而非《玄天上帝報父母恩重經》，蓋今本卷末有「玄門嗣教浚儀趙宜真」之

〔註71〕同註69。
〔註72〕同註65，頁472～473。
〔註73〕參見卿希泰編《中國道教》第三冊，上海：知識出版社，1994年1月，頁33。
〔註74〕見《正統道藏》正一部丙字。
〔註75〕見《正統道藏》正一部帳字。

跋，趙宜眞爲元末明初道士，被淨明道奉爲第五祖〔註76〕，今本經名應是其據當時已加封之聖號所改。而「眞武靈應眞君」之封號乃宋眞宗天禧二年（1018）所封〔註77〕，據此推斷，則《玄天上帝說報父母恩重經》之成立時代，最早不超過北宋眞宗天禧二年（1018），最遲不晚於南宋孝宗淳熙十五年（1188）。

此經經文簡短，首先勸人須修緣積行，以達妙緣妙行，次言人本無相，乃託相父母而爲有形，導致種種煩惱，而父母亦因我相而煩惱、而悲酸、而衰朽至於沉埋，故報父母恩之方法即是悉滅我相之貪嗔嶮峻，持念平等，使無苦惱，不致衰朽，繼而破除有形之限制，達到「無礙無隱障，無閉無塞，自然去累，不墮苦海」之境。

卷末附有趙宜眞所作之跋，首先皈禮玄帝報恩聖號，祈恩報本，願見在父母福壽增延，過去父母早得超生。次敘泰清大帝八十二次化身託生淨樂國王及妙祥天主爲太子，七歲入太和山修道，歷四十二年功成沖舉，而爲玄天上帝，因感父母恩重乃說此經。最後勸人持齋，禮念聖號以答父母之恩。另外《道藏》中有關玄帝傳說之經書，其所託生之母均作「善勝皇后」，此處則作「妙祥天主」，而入太和山之時間均作「十四歲」，此處則言「七歲」。此經一出，實奠定了玄天上帝在道教中「報恩教主」的形象與地位。

五、《文帝孝經》

《文帝孝經》又作《文昌孝經》，收入《重刊道藏輯要》第二十三冊。「文昌」或「文帝」即指民間和道教尊奉的「文昌帝君」，爲掌管士人功名祿位之神。

文昌本爲星名，據《史記·天官書》載，北斗有六星，合稱爲文昌宮。具有司祿、司命、司災等功能，而「以司命影響最大，自漢及晉，影響不衰。」〔註78〕魏晉以降，司命功能漸爲灶君所取代〔註79〕。而文昌帝君信仰之形成，與梓潼神有密切關係。梓潼神張亞子，又作張堊子或張惡子，《華陽國志》卷二載：「梓潼縣，郡治，有善板祠，一名惡子。民歲上雷仟十枚，歲

〔註76〕參見《逍遙山萬壽宮志》卷五〈淨明嗣教四先生傳〉。
〔註77〕參見《宋大詔令集》卷一三六〈封眞武靈應眞詔〉。
〔註78〕見呂宗力、欒保群編《中國民間諸神》，台北：學生書局，1991 年 10 月，頁 105。
〔註79〕同註78。

盡不復見，云雷取去。」則其似與古老的雷神信仰有關。《事物紀原》卷七云：「英顯王，廟在梓州梓潼縣，本梓潼神也。舊記曰：神本張惡子，仕晉戰死而廟存。」所指實爲《晉書》所指爲之立祠之事。《十六國春秋輯補‧後秦錄》載有姚萇遇梓潼神顯靈，預言其將爲帝之事〔註80〕。唐宋時期關於梓潼神顯靈之傳說更多，如《事物紀原》、《太平廣記》、《夷堅志》、《鐵圍山叢談》等均載有其事。唐廣明二年，僖宗封梓潼神爲「濟順王」，宋代眞宗、高宗、光宗、理宗均有追封，梓潼神信仰大爲盛行。據陸游《老學庵筆記》卷二載：「李知幾少時，祈夢於梓潼神。是夕，夢至成都天寧縣，有道士指織女支機石曰：以是爲名字，則及第矣！李遂改名石，字知幾，是舉過省。」則南宋時梓潼神信仰已包含文昌司祿之功能。元仁宗延祐三年，封梓潼神爲「輔元開化文昌司祿宏仁帝君」，約成書於宋元時期之《清河內傳》亦言玉皇大帝命梓潼神掌理文昌府及人間祿籍〔註81〕，梓潼神與文昌遂合而爲一。現存明代「文昌畫像碑」上有「成化十一年六月書」之題辭云：「文昌上宮桂香殿內，神遊風洞，世系清河。……司天下之星辰，定人間之選宸，教人以忠孝爲先。」〔註82〕與《文帝孝經》主旨一致，文昌帝君已成了教忠教孝的神明。

《文帝孝經》前有明代少保大學士邱濬作於弘治五年三月之序，以及翰林侍讀學士王鏊之跋。經分六章，首列開經啓一首，繼而是育子章第一、體親章第二、辦孝章第三、守身章第四、教孝章第五、孝感意第六、最後以讚詞結尾。每章除本文之外，並於文末列有二至三首偈言以及一種咒語。

第一章敘父母育子之劬勞，觀其內容實衍自《太上老君說報父母恩重經》，以平實之語言寫感人之至情，如云：

> 十月未生，在母胎中，母呼亦呼，母吸亦吸，躭娠如山，
> 筋疼血滯，寢處不舒。臨盆性命，若不自保，父心關惻，
> 母體擔虞，縱令易誕，費盡勞苦，若或遲久，不行分娩，
> 艱難震恐，死中幸生，幾舍其母，始獲其子。一月暗居，
> 三年乳哺，啼即懷抱，猶恐不調，睡令安寢，戒勿動搖，
> 含食以飼，貼衣以裹，諒其饑飽，適其寒暑，痘疹關煞，

〔註80〕見《新校本晉書并附編六種》第六冊，台北：鼎文書局，1983年，頁379。
〔註81〕見《正統道藏》洞眞部譜錄類騰字。
〔註82〕引自王家佑〈梓潼神歷史探微〉，載《中國道教》，1988年三期，頁39。

急遽驚悸。咿唔解語，匍匐學行，手不釋提，心不釋護。
子既年長，恐其不壽，多方保持，幸而克祐。籌畫有無，
計其婚媾，厥齡方少，諸務未曉，一出一入，處處念之，
綢繆咨嗟，諄諄誡命，親心惆悵，子方燕樂，教之生計，
教之成業，母誕維艱，父誨匪易。雖至英年，恤若孫提，
食留子餐，勝如己餐，衣留子衣，勝如己衣。子若有疾，
甚於己疾，有可代者，己所甘受；子若遠遊，行旅風霜，
夢寐通之，瑜期不歸，睛裂腸斷。子有寸善，誇揚樂與：
子有小過，回護遮蓋，暗自傷心，恐其名敗。

其述子女成長過程中的種種細節，以及父母時時牽掛迴護的心境，從十月懷胎，三年乳哺，至子女的食衣住行、疾病、教育、婚媾，以及生計事業，可謂鉅細靡遺，較《太上老君說報父母恩重經》尤有過之而無不及。正是「自字及姓，自幼及壯，心力所注，無有休歇」，「如乾覆物，如坤載物，和藹流盈，充塞兩間，莫大慈悲，無過親心」。

第二章言人子當以二親體我之心還體親心，為免傷父母之心，人子須保全身體，承歡解愁，並勿犯心口身意等業，與親族和睦，忠君，友朋，尊師，敬畏天地日月星斗，濟人之急，憫人之孤，容人之過等，更重要的是以善規親，不論貧富，敬無二心，親病則侍疾，親歿則盡哀，四時祭享，孝思不匱，雖然如此，猶未能報親恩於萬一。

第三章乃明辨孝與不孝之種種行徑，範圍包含日常生活之倫常道德，與前章相似，尤其強調孝的功用，其云：

孝子開先，孝孫承後，孝治一身，一身斯立；孝治一家，一家斯順；
孝治一國，一國斯仁；孝治天下，天下斯昇；孝事天地，天地斯成。
通於上下，無分貴賤。

孝道內容不僅包含一切倫理道德，更儼然成為貫徹儒家「修身、齊家、治國、平天下」的唯一途徑。

第四章言「所謂孝子，欲體親心，當先立身，立身之基，貴審其守」。而所謂守身，包括遵規守矩，不矜驕，不淫佚，神色溫靜，舉止持祥等等，能夠如此，則可化去三尸。並謂人身皆有神在，故不可妄為。此章包含「三尸」及「身神」的思想，是道教色彩較為明顯的篇章。

第五章認為孝乃出自本性，教化則為後起，世人不孝，皆因後天習慣所

改變，故聖人以教化爲急務，而教化之先，以愼擇賢師爲要，方能化惡爲善，使民歸孝。

第六章總結孝與不孝的下場，言孝配天地人三才，可使「元祖宗親，皆得解脫，四死六道，餓鬼窮魂，皆得超生，父母沉痾，即得痊癒」等，而不孝則百行莫贖，天地不容。文中並對民間發塚賣穴的行爲，火葬的習俗加以譴責，以其有違孝道也。此外亦提及斗中有孝弟王及其孝道神力，顯見其受淨明道之影響。

最後則記朱衣眞君命金童玉女奏樂歌頌之美景，及大道眞君勉人勸孝，諸仙奉行作結。

此經不論就經名及內容而言，其中儒家色彩都較前面幾部經典來得濃厚，它採擷道教中「報父母恩重經」的內容，承襲淨明道的教義，實已涵蓋儒家倫理道德，而以孝道統攝之，使道教的儒化達於極致，即使視爲儒書實亦不爲過。正因如此，故此經乃能受到明代一般儒士的推崇，而將之比擬於《孝經》、《詩經》、《論語》等儒家經典，如邱濬序云：「曾子十八章，直與帝君大旨相發明。」而王鏊跋曰：

> 文昌先天之孔子也，孔子後天之文昌也。育子一章，非即北山生我之詩乎？體親一章，非即色難無違之體乎？辨孝一章，非即養口體、養心志之辨乎？守身一章，非即臨淵履冰之守乎？教孝一章，非即入孝出悌之教乎？孝感一章，非即大德達孝，人無間言之事乎？吾師瓊山邱太師，性不喜談佛老，獨謂曾子十八章直與帝君大旨相發明，信服聖訓如此，誠以其大有功於儒教耳！

也正因爲如此，故《文帝孝經》乃能在明清時期獲得普遍流傳，而文昌帝君不僅因其司掌文人功名祿位，更因其勸忠勸孝的形象，在明清時期普遍立祠奉祀，同時也獲得當政者的重視。清儒方苞雖對其徵諸鬼神感應之論不以爲然，然對其教化之功則持肯定，其云：「是編所載，通明易曉，雖山農野老婦人小子，皆能諷于口，入于耳而動于心，有欲布之，余安得而阻其意也。」〔註83〕

綜觀道教孝道經典之不斷出現，顯見道教提倡孝道之用心歷代不減，而就其內容觀之，則有儒家色彩愈來愈濃厚的趨向，透露出道教儒化的傾向。

〔註83〕見《方望溪全集・集外文》卷四〈文昌孝經序〉，中國書局，1991年6月，頁298。

明萬曆間由林兆恩所創之三一教，其以儒家爲主，釋、道爲輔的教義，與此同樣展現中國宗教三教合一思潮的發展方向。

第三節　道教之孝道思想

　　道教中的孝道思想，不僅含有儒家的倫理道德、與佛教相同的報恩觀念，更具有道教思想本身的特色，如承負、長生、尸解、陰陽五行等思想，並融入了煉丹的理論之中，其對孝道之重視，並不亞於儒釋二教。以下謹就道教之孝道思想，依孝道之起源，孝道之重要性及其功用，以及孝道之內涵等分別論述之。

一、孝道之起源

　　道教繼承老子之自然思想，認爲孝乃人性本具，之所以會有不孝的行爲，乃肇因於大道之衰落。《太平經》有云：「慈孝者，思從內出，思以藏發，不學能得之，自然之術。」〔註84〕《老子想爾注》亦云：「臣忠子孝，出自然至心。」〔註85〕肯定孝乃出於自然，毋須經由學習，所以孝具有普遍性，爲人人皆有之本性。故《老子想爾注》又云：

　　　　道用時，家家慈孝，皆同相類，慈孝不別。今道不用，人不慈孝，

　　　　六親不和，時有一人行慈孝，便共表別之，故言有也。〔註86〕

由於大道衰落，導致慈孝泯沒而不彰，孝亦由普遍共有人性本質，被誤以爲具特殊性之道德。

　　除了肯定孝出於自然，道教並襲取老子關於道德、有無之關係的論述，作爲孝道起源的理論架構。《元始洞眞慈善孝子報恩成道經》曰：「孝道至大，與元並生，治於三光，照曜幽夜，有生之類，恃賴叟窮。」《元始洞眞慈善孝子報恩成道經・道要品》又云：

　　　　道言：大道幽虛，寂寥無名，孝出於無，乘元受生，生形法孝，無

　　　　名曰道，處於無上，玄應無下，名行高遠，利益弘大，神通無礙，

　　　　不終不始，故名孝道。有形之類，非道不生，非孝不成，故大道生

　　　　元氣，元氣生太極，太極生天地，天地生萬物，萬物之類，人居其

〔註84〕同註46。
〔註85〕見饒宗頤《老子想爾注校證》，上海古籍出版社，1991年11月，頁44。
〔註86〕同註85，頁23。

長，萬靈之中，大道最尊，仁孝尊道，故名孝道。

道教以孝取代了《老子》中德及有的地位，認爲孝出於無，即由道所生，而爲道之用，具有與道相似的普遍性質，並同爲主宰有形萬類之生成所不可或缺的原則，所以稱之爲「孝道」。孝道的來源已經由出自人性的一種倫理，提升爲出於大道並支配萬物生成的法則。由於其宗教的本質，道教並進一步將孝道神格化，雖然源於大道之氣，卻結胎而成神明之誕生。《元始洞眞慈孝子報恩成道經》云：

> 道言：左右中眞結形之始，分於元始無上大道應化之氣，孕靈瓊胎，九萬大劫，幽閉寥寂，九萬劫後，法當應世，結形理焉，出於瓊胎。出胎之時，……。爾時三眞化作嬰童，託附眞母，已漸長大，隨世成立。無上大道元始天尊授此三眞號曰至孝眞王。治化中國，傍攝四夷，有生之類，咸來受事。教其慈孝，敬天順地，守一寶形，憐愍萬物。

此乃因應後世大道之衰微，遂構造了孝道神明的產生，藉以散播及教導孝道之思想。《孝道吳許二眞君傳》亦云：

> 孝道本起兗州剛輔縣高平鄉九原里，有一至人姓蘭，不示其名號，曰蘭公。義居百人，同心合德，志行孝行，時感得斗中眞人號孝悌王，即先王之次弟，明王之兄也。《孝經》云：「昔者明王以孝治天下也。」斯之謂歟。以蘭公孝道之志，通於神明，遂降示蘭公孝道根本，言：先王爲日中王，明王爲月中王。又云：先王玄炁爲大道，明王始炁爲至道，孝悌王元炁散爲孝道，此三者起由玄元始炁也。

以孝道起源於大道化生之孝道神明，使孝道神格化，不但表現出道教的宗教本質，也突顯出道教與儒釋二教孝道觀的差異。從中亦可窺見道教關於孝道起源的思想，是由自然的人性，提升爲大道所化生的宇宙法則。

不過隨著道教的儒化，其孝道觀也吸取了儒家「性相近，習相遠」及「良知良能」的思想，如元初淨明道士劉玉云：「忠孝者，臣子之良知良能，人人具此天理，非份外事也。」〔註87〕又說：「大忠大孝，根於天性。」〔註88〕而

〔註87〕見《淨明忠孝全書》卷五〈玉眞先生語錄別集〉，收入《正統道藏》太平部奉字。
〔註88〕同註87。

此一良知之所以喪失，乃是受到「忿」及「欲」的蒙蔽。《文帝孝經・教孝章》亦曰：「孝自性具，教爲後起，世多不孝，皆因習移。」將不孝的行徑，歸咎於後天的習性。明清之際託稱呂洞賓降筆之〈忠孝誥總論〉則認爲孝雖爲本性，但環境中的種種誘惑，會導致本性的迷失：

> 忠孝之德，自賦質之時，蚤已具於性中，宜人人爲孝子，爲忠臣。……
> 胞胎之時，忠孝之心渾然焉，嬰孩之時，忠孝之心油然焉。及長而嗜慾惑其心，妻子變其心，財帛搖其心，爵祿動其心，得失橫其心，利害間其心，而忠孝之良能已盡失其本來矣。〔註89〕

同爲明清時託稱呂洞賓降筆之〈重示教孝文〉亦云：

> 自有生民即有父子，自有父子即有孝慈，父之慈不待學也，子之孝亦不待學也，上古維渾維穆，有情無文，孝道最眞，中古文明繼起，有情有文，孝道斯全，後世人心日漓，有文無情，孝道乃薄。世運殊所以爲孝亦殊，然其出於性生則無殊，故夫孝之爲道，與天地相終始者也。〔註90〕

儒、道皆持孝爲人性本有的觀點，而且都把孝道的淪喪，歸咎於後天的因素，不過道教還對孝道的起源進行神化的工作，並把它與老子的道做了緊密的聯繫。

二、孝道之重要性及其功用

道教對孝道的推崇，可以說是與其教義緊緊相扣，實際上是將道教思想依附在孝道觀念之下，以利其傳播，經由對孝道的肯定，換取社會大眾對其神仙理論的認同。

首先就個人而言，道教認爲孝道是修煉成仙的重要條件，長生成仙爲道教的主要教義，孝道在此一理論中的地位，實際上是逐步抬高的，《太平經》已言行孝則可長生，其云：「天定其錄籍，使在不死之中，是孝之家也。」〔註91〕葛洪則認爲求仙當先以忠孝爲本，孝只是欲得長生的一個基本前提，然猶未肯定行孝即可成仙。陶宏景《眞誥》卷十六〈闡幽微〉則曰：「夫至忠至孝之人既終，皆受書爲地下主者，一百四十年乃得受下仙之教，授以大

〔註89〕見《呂帝文集》，收入《道藏輯要》第十三冊，考正出版社，1971年7月，頁5466。
〔註90〕同註89，頁5497。
〔註91〕同註50。

道，從此漸進，得補仙官，一百四十年聽一試進也。」〔註92〕此又較葛洪抬
高了孝的功用，具有了候補仙官的資格，唐代孟安排繼承此一思想，其《道
教義樞》云：「世行功德，至忠至孝，至廉至眞者，改化更生，得爲鬼官。」
〔註93〕吳筠《神仙可學論》，則直接將其列入仙格，其云：「至忠至孝，至貞
至廉，……不學而自得，……如此之流，咸入仙格，謂之隱景潛化，死而不
亡。」〔註94〕行孝已成了成仙的重要途徑。《元始洞眞慈善孝子報恩成道經・
道要品》中，即特別標舉了因行孝而直接成仙的故事，並特別強調「先當行
孝而後行道」，孝道已然被置於道教的首要之務。《虛皇天尊初眞十戒文》
即云：「按傳曰：仙經萬卷，忠孝爲先。……故忠孝爲諸戒之首，百行之源，
學者之先務也。」〔註95〕宋・眞德秀《眞文忠公文集》卷三十五也說：「道教
之學仙至難，唯大忠大孝，不俟修煉而得其說，……然使天上眞有仙人，必
忠臣孝子爲之，非可幸而致也。」

　　隨著內丹修煉的興起，孝道依舊被認爲是修煉的先決條件，須「先以忠
孝仁義爲基，作善積功爲本。」〔註96〕如元・王惟一《明道篇・金丹造微論》
云：「大抵金丹之要，必也遠聲色，克己私，屛人我，全忠孝，正心誠意。」
〔註97〕南宋・李簡易《玉谿子丹經指要》亦云：「修煉內丹之道，藥物不過
鉛汞二物而已，然當先修人道，以忠孝爲本，濟物爲先。」〔註98〕金・王重
陽著《重陽眞人金關玉鎖訣》亦以忠君孝親爲修行內丹之首務，其中並區
分神仙之種類爲鬼仙、地仙、劍仙、神仙及天仙，而孝養父母者即屬天仙之
列〔註99〕，孝道不僅成爲修煉成仙的重要方法，其在仙品的地位亦已被提升
至頂點了。

　　以符籙爲主的淨明道，更對孝道推崇備至，認爲通過對孝道的實踐即可
成仙，而且也是將其品級列於最高一等。《太上靈寶淨明洞神上品經・天官列
次篇》云：

〔註92〕同註17。
〔註93〕見《正統道藏》太平部諸字。
〔註94〕見《宗玄先生文集》卷中，《正統道藏》太玄部尊字。
〔註95〕見《正統道藏》洞眞部戒律類兩字。
〔註96〕見《語錄大觀・涵三語錄跋》，收入《道藏輯要》第十三冊，考正出版社，1971
　　　　年7月，頁5733。
〔註97〕見《正統道藏》洞眞部眾術類芥字。
〔註98〕見《正統道藏》洞眞部方法類稱字。
〔註99〕見《正統道藏》太平部交字。

> 倬倬孝弟，忠義不虧，雖三大藥，亦可以悟法，名列巍巍。或行符
> 咒水，給藥度危，是爲下品，皆未若吾以孝弟而服系事雙親，養一
> 身不尸解即超眞，此孝道服煉所以列次天人。〔註100〕

元・劉玉《淨明四規明鑑經》亦曰：「忠孝之心非長生之性存，死而不昧，列
于仙班。」〔註101〕又同書《列班昇籍篇》云：「上品以孝，中品煉形，下品救
度」，顯然道教中的種種修煉方法與孝道相比，都已是等而下之，孝道成了仙
品中的最高境界。

其次道教也吸取了儒家道德教化的觀點，以有利於在上位者的統治爲出
發點，強調孝道的重要性及其功用。《太平經》即明白說道：「（孝）上有益帝
王，下爲民間昌率，能致和氣。」〔註102〕又云：

> 天地與聖明所務，當推行而大得者，壽孝爲急。壽者，乃與天地同
> 優，孝者，與天地同力也。故壽者長生，與天同精。孝者，下承順
> 其上，與地同聲。此二事者，得天地之意，凶害自去，深思此意，
> 太平之理也。〔註103〕

其著眼點在於孝順者以承順爲意，人人皆順從上意，則有利於帝王之統治，
天下自然太平而無犯上作亂之事，與儒家的孝道觀是相同的。《呂帝文集・忠
孝誥總論》也說：「人人爲孝子，則世永無忤逆之事，人人爲忠臣，則世永無
反亂之日。」《文帝孝經》不僅承襲「孝爲百行之首」的思想，以孝統攝一切
道德倫理，更以孝道爲貫徹儒家修身、齊家、治國、平天下的途徑，故〈辨
孝章〉云：

> 孝治一身，一身斯立；孝治一家，一家斯順；孝治一國，一國斯
> 仁；孝治天下，天下斯昇；孝事天地，天地斯成。

此外道教更逐步誇大了孝道的神力，使得孝道不再僅僅是一種倫理道德的概
念或行爲。如《太平經》云：「自孝於家，并及內外，郡縣皆慈孝，五穀爲豐
熟，無中夭之民，天爲其調和風雨，使時節。」〔註104〕肯定了孝道的教化作
用，並認爲孝可以感天，包含有「天人感應」的思想。《十二眞君傳》也說：
「夫孝至於天，日月爲之明，孝至於地，萬物爲之生，孝至於民，王道爲之

〔註100〕見《正統道藏》太平部奉字。
〔註101〕見《正統道藏》太平部奉字。
〔註102〕同註46。
〔註103〕同註9，頁310。
〔註104〕同註8，頁593。

成。」〔註105〕《元始洞眞慈善孝子報恩成道經》則更加渲染孝道的重要及其功用，認爲「有形之類，非道不生，非孝不成。」又說：「三萬六千道要，要以孝道爲宗。」孝道不僅是宇宙萬物生成的法則，更具有降服一切魔事的力量，使天地萬物祥和安寧。其云：「孝能降伏一切魔事：財色酒肉、名聞榮位、傾奪競爭、交兵殺害。」又云：

> 孝治天下，不勞法令；孝治其身，志性堅正；孝治百病，天爲醫之；孝治萬物，眾毒不害；孝治山川，草木不枯；孝營生業，田蠶萬倍；孝至於天，風雨以時；孝至於地，萬類安靜，神芝靈木，處處呈瑞；孝至禽獸，龍麟鸞鳳，翔集境內；孝至淵澤，河侯獻珠，魚龍涌躍，靜息波浪。

《呂帝文集・忠孝誥總論》亦云：

> 忠孝之至，可以格天地，可以泣鬼神，可以動風雷，可以致雨雪，可以蹈江河，可以開金石，可以化鳥獸，可以感草木，可以遺子孫，可以爲賢聖，可以成仙佛。

孝道在此已然成了一種神奇偉大的力量，可以主宰一切事物的發展，較之儒家著重人爲教化的功用，道教實把孝道的重要性及其功用抬高至無以復加的地位。

三、孝道之內涵

　　道教之孝道思想，實際上是在儒家孝道思想的基礎上，摻雜了道教的神仙信仰及宗教儀式等，企圖調和儒道之義理，其所論述之孝道內涵，有一大部分是承襲儒家之孝道理論。

　　儒家的孝道思想，主要體現於《論語》、《禮記》、《孝經》等經籍之中，綜合之，大概可以歸納爲以下幾個要項：守身、揚名顯親、繼志、無違、善養、諫親、侍疾、盡哀、追思等等，而道教中具體論孝道內涵的篇章中，主要也是不脫這些範圍。如《太平經》云：「父母有疾，占相之知，能盡力竭精，有以救之；知而不救，天將大罰。」〔註106〕勸勉人子當竭力爲父母療疾。明清時期託稱呂洞賓降筆之〈孝養薦先合論〉云：「若父母在堂，每食必養，養以志斯謂之孝。」〔註107〕同爲明清時扶乩降筆之《雲巢精舍語錄》亦

〔註105〕見《太平廣記》卷十四引文。
〔註106〕同註8，卷一五四～一七○〈經鈔辛部〉，頁688。
〔註107〕同註89，頁5468。

言：「世人以飲食爲孝，無有誠敬，是豢飼也，何足爲孝。」〔註108〕都是在於宣揚曾子「養志」的理念以及孔子「孝敬父母」的論點。《文帝孝經·體親章》也說「體我此身骨稟父生，肉稟母生，一膚一髮或有毀傷，親心隱痛，子心何安？」「定省溫清，時以敬將。」「親或有過，委曲進諫。」「一當有恙，能不滋虞，藥必先嘗，衣不解。」「終天之日，飲食不甘，哭泣失音，衣衾棺槨，多方自盡，三年哀痛，晨昏設薦，……廟享墓祭，四時以妥，去親日遠，追思常在。」所言皆不脫守身、善養、諫親、侍疾、盡哀及追思等孝道內涵。《呂祖全書·孝誥》中卷更提出了「十孝」的行孝訴求，所謂「十孝」即一曰承顏，二曰順令，三曰寬心，四曰敬身，五曰善養，六曰繼美，七曰格非，八曰調疾，九曰盡哀，十曰追思〔註109〕。其內容淡化了宗教的色彩，完全是秉持儒家道德教化的性格，而藉由神明的宣示，針對儒家孝道觀念深入發揮，詳細論述了子女應如何對待父母的細節，把傳統固有之孝道內涵作了系統的整理。

不過基於宗教的本質與需求，道教的孝道思想還是有其區別於儒家之處，如對出家制度的問題，就有了不同的看法。《太平經》及《抱朴子》中都有反對出家的論點，否定棄絕人倫的修煉方式。隨著出家制度的建立，此一論點依舊存在於道教之中，六朝時上清派戒律《上清洞眞智慧觀身大戒文》曰：「道學不得與父母別門異戶；道學不得教人與父母別門異戶。」〔註110〕約北宋之前署名范脩之《至言總》云：「長生難得，得由忠孝仁義，立者生自然長，無此德者，獨守出林，木石爲偶，徒自喪生，或先罪未釋，今又無功，遂失人道，深可悲乎！」〔註111〕標榜忠孝之淨明道則直言：「上士非必絕人事，去妻子，入曠野，捨榮華，而謂之服煉。」〔註112〕最重要的是在於「孝弟不虧」方可達道。《呂祖全書·孝誥》下卷更是普勸大眾「父母是兩尊活佛」不須離家遠求〔註113〕。而面對宗教制度與孝道觀念的衝突，道教中贊成出家者也作出了調和二者的言論，如《虛皇天尊初眞十戒文》云：

〔註108〕見《語錄大觀》，收入《道藏輯要》第十三冊，考正出版社，1971 年 7 月，頁 5734。
〔註109〕參見《藏外道書》第七冊，巴蜀書社，1992 年 8 月，頁 196～197。
〔註110〕見《正統道藏》正一部承字。
〔註111〕見《正統道藏》太玄去字。
〔註112〕見《太上靈寶首入淨明四規明鑑經·修身章第二》，《正統道藏》太平部奉字。
〔註113〕同註109，頁 199。

生則誘其以惜福向道，死則爲遷神福鄉，其處己則離諸恩愛，息諸
塵緣，專精一心，勤於學道也。功旣就，則雖億劫種親皆得超度，
上可以報四重之恩，下可以濟三途之苦，乃出家之孝也。〔註114〕

清代呂洞賓降筆之《東園語錄》亦曰：

出家者，舍父母兄弟而出乎家也，自此養育之恩莫報，骨肉之情已
疏，似是人生不快之事。不知修行亦可度親，改裝亦能報本。若果
護持庵觀，希步仙佛，是即進身之階，亦即顯親之道。〔註115〕

《太平經》及《抱朴子》雖反對出家修煉，但都肯定修道證眞，正是達致「揚
名顯親」的途徑，其結合長生成仙的信仰與「守身」的孝道觀念，認爲追求
長生，實際上就是踐履孝道，正所謂「父母全而生之，子全而歸之」。而道教
本身的成仙信仰即具利他色彩，認爲「一子得道，九祖升天」，清・王士端纂
集之《養眞集》即曰：「人能成聖，則人稱其親爲聖父聖母，人能成仙，則人
稱其親爲仙父仙母。」〔註116〕晉時許遜「拔宅飛昇」的傳說，就廣爲大眾所
信服，故而「守身」、「揚名顯親」的孝道理念乃能在道教中與神仙信仰做了
緊密的結合。

此外，基於宗教信仰的因素，道教也提倡與佛教相同的報恩觀念。由於
天堂及地獄信仰的興起，以及道教本身「承負」觀念與佛教「因果報應」思
想的結合，認爲人由於先祖所積累下來的罪業，再加上本身積功之不足，死
後往往居於地獄受苦。因此人子於父母死後的踐履孝道，除了四時祭享，孝
思不匱之外，更重要的是平時須多修齋供，廣造眞經，持誦經書等，以冀求
先祖父母可以超脫苦難。如《太上老君說報父母恩重經》云：

若有眾生能爲父母書寫此經，讀誦受持，燒香禮拜，於中元日設大
齋醮，市辦名香，緣山摘藥，造諸淨供，夙夜懇懃，請福祈恩，拔
度先祖，名報父母養育之恩，五逆十惡罪得消滅。若能每一日日中
清齋，燒香行道，禮拜誦念轉讀此經，罪亦消滅，名報父母。

《太上眞一報父母恩重經》亦云：

若或有人能爲父母多修齋供，廣造眞經，讀誦受持，教人遵奉，當
知是人及於父母承此果報，即得長生。

〔註114〕同註95。
〔註115〕同註108，頁5969。
〔註116〕見《道藏輯要》第十八冊，考正出版社，1971年7月，頁8396。

齋指清潔，醮指祈禱，齋醮合稱則是指道教的祭禱儀式，包括誦經禮懺等許多內容。齋供則是此儀式中於神壇上的獻祭之物，以潔淨為要求。道教的修持方法，對修齋甚為重視，《雲笈七籤》卷三十七《齋直》引《三天內解經》曰：「學道首先就在於齋，外則不染塵垢，內則五臟清虛，降真致神，與道合居；能修長齋，則不犯禁戒。」修齋在道教的孝道實踐也占有相當重要的地位，約東晉、劉宋間之道經《太極真人敷靈寶齋戒威儀諸經要訣》云：

> 若非山學道士，居家修經者，豈能長齋久思哉？要當應齋，少可十
> 日，九日，七日，三日，一日，行道矣，斯功德弘普，學道上法，
> 七祖離苦毒，上昇福堂，此可謂至孝之道也。〔註117〕

同文又載〈出堂頌〉曰：

> 道以齋為先，勤行登金闕，故設大法橋，普度諸人物，宿世恩德報，
> 道心超然發，身飛昇玄都，七祖咸解脫。

可見道教認為修齋乃個人證道的重要途徑，也是促使祖先父母超脫苦難的方法之一。而在道教各種齋法中，最能體現孝道思想，亦即針對度脫父母先祖而設者，則有以下幾種：

（一）塗炭齋

南朝宋・陸修靜《洞玄靈寶五感文》云：「三元塗炭之齋，以苦節為功，上解億曾道祖，無數劫來，宗親門族及己身家門，無殃數罪，拯拔憂苦，濟人危厄，其功至重，不可稱量。」〔註118〕其法乃於露地立壇，安欄格齋，以黃土泥額，被髮繫於欄格，反手自縛，口中銜璧，覆臥於地，叩頭懺謝。「積旬累月，負戴霜露，足冰首泥」〔註119〕，甚為辛苦。

行此齋時，須有「五感之心」，否則「一則費香徒勞，二則成於虛誑，三則輕慢法禁，四毀辱師教，五則更招罪罰」〔註120〕。所謂五感乃：「感父母生我育我之劬勞，二感父母為我婚娶積財而落三塗之苦，三感眾生之迷誤痛苦，故背世尋道，冀父母上昇福堂，四感太上眾尊，大聖真人之開化拯拔，五感我師開度之恩〔註121〕。可見陸修靜行塗炭齋主要欲人於肢體之勞瘁中，體會父母之深恩浩蕩。

〔註117〕見《正統道藏》洞玄部威儀類被字。
〔註118〕見《正統道藏》正一部笙字。
〔註119〕見陸修靜《洞玄靈寶五感文》。
〔註120〕同註119。
〔註121〕同註119。

（二）黃籙齋

《雲笈七籤》卷三十七〈十二齋〉引《玄門大論》云：「三者黃籙齋，拯拔地獄罪根，開度九幽七祖。」唐・潘師正《道門經法相承次序》則云：「黃籙，下元，主地。地者神，坤色黃，故黃籙主之。濟拔七祖，七祖恐在地府。」〔註122〕其法累世增修，愈形複雜，唐宋之時最為盛行，唐末五代杜光庭所整理之齋儀即以黃籙齋為主，據其刪集《太上黃籙齋儀》所言，其法正齋為三日，前一夜行宿啟。每天早午晚都要行道、誦經三次，晚朝以後舉行禮燈儀。第四日清晨言功拜表，散壇設醮，齋儀才算完畢〔註123〕。南宋・蔣叔輿編撰《無上黃籙大齋立成儀》則又增加了許多儀式，正齋開始前要舉行預告、正奏、拜章、告符，齋期中除行道、誦經外，還舉行破獄、召靈、沐浴、朝真、咒食、煉度、升度等儀式〔註124〕，顯見其齋儀之日趨繁雜。而據前引南宋・呂元素編《道門定制》所載，宋代於黃籙齋儀中，尚須宣「報父母恩詞」並誦《太上真一報父母恩重經》及《真武報父母恩重經》。

（三）明真齋

又稱「盟真齋」。陸修靜《洞玄靈寶五感文》云：「明真齋，學士自拔億曾萬祖九幽之魂。」又敘其法乃「於露地然一長燈，上有九火，如金籙燈法，但不立壇門之式耳，遶香燈行道，一日一夜，六時禮謝十方。」約成於明代之《玄門報孝追薦儀》云：「是故淨明之法，本忠君孝親以存心，盟真之齋，以報祖薦親而立教，以此見學仙之士曷嘗不篤意於親，謂滅其天常，是特儒者自私之論。」〔註125〕即據明真齋的孝道實踐，駁斥儒者批評道士不孝之說法。

（四）五　臘

唐代道經《齋戒籙》曰：「五臘日常當祠獻先亡，名為孝子・得福無量。」〔註126〕約唐宋間之道經《太上慈悲道場滅罪水懺法》所言更詳：

> 下土兆民，多有凶禍，邪鬼所害，可為先亡祖考，父母尊親，五臘
> 之日，是天地開赦，宜建齋醮，行道禮懺，上章拔度先亡，咸得離

〔註122〕見《正統道藏》太平部諸字。
〔註123〕見《正統道藏》洞玄部威儀類賓字至鳴字。
〔註124〕見《正統道藏》洞玄部威儀類鳳字至食字。
〔註125〕見《正統道藏》洞玄部威儀類壹字。
〔註126〕見《正統道藏》洞玄部戒律類弔字。

苦。正月一日，天臘之日，五帝神仙集於青天安寶華林青龍闕中，
校定世人罪福之籍。五月五日，地臘之日，五帝神仙集於丹天梵寶
昌陽丹臺闕中，校定世人罪福之籍。七月七日道德臘之日，五帝神
仙集於素天金門素靈闕中，校定世罪福之籍。十月一日，民歲臘之
日，五帝神仙集于玄天洞陰黑靈闕中，校定世人罪福之籍。十二月
遇臘，是王侯臘之日，五帝神仙集於玄都玉京元靈戊已金闕，元始
八景殿中，校定世人罪神之籍。……若有至孝男女，此日脩奉齋醮，
則黑簿除名，皆得超度。〔註127〕

正一派於童子初入道時，須授以「太上童子將軍籙」，傳授之宗旨即在教育弟
子尊師愛父，慈悲寬懷。而奉請童子籙者，須於五臘日祭祀家族九祖，使信
徒不忘祖業。〔註128〕

　　除了以上這些齋法之外，《藏外道書》中，尚收有清代陳仲遠輯之血湖齋
及報恩齋科儀文，均以宣報父母深恩爲主旨。而在各種齋法中常見的儀式，
如燒香、燃燈等，也都具有激發孝思的象徵意義。如六朝道經《洞玄靈寶太
上眞人問疾經》曰：「然燈者，光映長夜之府，以解七世父母、天下父母、眾
生之闇；燒香者以除三界中臭穢，使地獄還香潔，……能報五德：一者父
母，……。」〔註129〕可見道教宗教儀式中處處可見提倡孝思之用心，及其對
孝道實踐之落實。

　　在符籙派道教之中，還講究行符度親，如元代道經《太上靈寶淨明飛仙
度人經法》云：「四者無忘追度安鎮，人之所親不過父母，所尊不過君王，上
知君王父祖之德而思必報者，追度安鎮是也。追者謂誦經行符上爲父祖六親
之過去者，以資冥路，度者謂誦經行符上爲父祖六親之存者，以資符籙。」
〔註130〕約爲南宋之道經《太上靈寶秘法篇》並有「度脫六親符」二道，一道
用於父母六親本命之日，另一道用於父母六親身死之日，其云：「右此二道，
不限道數，日燒各一道以爲存亡作福，即二帝君執符以往，或往益籌，或往
薦送，即孝道之本也，行此有功，方能服鍊身形。」〔註131〕

　　綜上以論，道教孝道思想不僅涵蓋儒家孝道之範疇，融攝佛教報恩之觀

〔註127〕見《正統道藏》洞玄部威儀類木字。
〔註128〕同註18。
〔註129〕見《正統道藏》太平部母字。
〔註130〕見《正統道藏》洞玄部方法類法字。
〔註131〕見《正統道藏》洞玄部方法類身字。

念，更重要的是結合其基本教義，藉由宗教之儀式及道法來落實孝道的履踐，
突顯其宗教道德的特色，眞正達到了神道設教的目的。

第三章　道教孝道文學分析

　　道教孝道文學作品體裁多樣，有以傳統文學形式表現者，如詩、詞、語錄等，道教文學中雖有大量散曲作品，然多以棄世離俗，追求自然無累爲主旨，以孝道爲內涵者則未見。另有因應道教科儀而產生者，如青詞、歌讚、講唱本等。茲依其形式，大別爲詩、詞、勸孝文、語錄、科儀文、講唱本、偈、頌、贊、咒、孝道故事等類，於以下各節分別探討。

第一節　詩　詞

　　道教之孝道文獻中，以詩歌形式來表現的作品，除了正統文學體裁之五、七言詩及詞之外，也有歌行體以及深具宗教特色之籤詩，以下謹以此三類分別加以析論。

一、詩　歌

　　有關道教孝道文學詩作，多以七言爲主，語言文字力求明白易曉，因多係出自道士贈俗家之作，故多以勉人體道行孝爲訴求，不以文辭瑰麗爲目的，每多平實自然之作，娓娓道來，諄諄善誘。如南宋・王慶升有多首《入道詩》，其第四、第五首即屬勸孝之作。其第四首云：

　　　若謀富貴說榮親，養志承顏有幾人，

　　　素□位而無怫逆，過於列鼎與羅珍。〔註1〕

第五首云：

────────────────

〔註 1〕見《爰清子至命篇》卷下，收入《正統道藏》太玄部婦字。

人期上塚要焚黃，名爵思爲厚夜光，

九□生天蒙帝渥，只緣一子入仙鄉。〔註2〕

二首於第三句皆缺一字，然無損於通篇詩意。其體制皆七言絕句，一押「眞」韻，一押「陽」韻。前首發揮儒家「養志承顏」之孝道理念，認爲孝道當以無違父母爲貴，而非山珍海味口體之養。後首則是道教之孝道理論，缺字可能爲「祖」字，以成仙爲揚名顯親的表現，所謂「九（祖）升天蒙帝渥，只緣一子入仙鄉」，正是自道教常言之「一子得道，九祖升天」脫胎而來。

金・譚處端《水雲集》亦有勸孝之贈詩，其《贈韓家郎君在家修行》云：

崇眞起善立玄堂，謹奉朝昏兩炷香。

內侍嬬親行孝道，外持眞正合三光。

常行矜憫提貧因，每施慈悲挈下殃。

他日聰明如省悟，也應歸去列仙鄉。〔註3〕

此首乃七言律詩，押「陽」韻。內容深合道教之孝道思想，即以行孝持善爲修行之基，結合宗教儀式與道德修養，不僅要立玄堂、奉香，更重要是孝順雙親，濟貧扶困，最後不忘推廣道教之成仙理念，頗能打動一般大衆之心理。另一首贈詩也具有同樣的思想，詩云：

爲官清政同修道，忠孝仁慈勝出家，

行盡這般功德路，定將歸去步雲霞。〔註4〕

以儒家倫理勝於出家修行，顯見其儒化之深。金・王處一之《雲光集》卷二中也收有多首勸孝詩，主旨也是強調以孝道爲立身修煉之根基〔註5〕。如《贈蒲臺胡四翁》二首之二：

孝無不順上天知，更蒸心香透骨肌，

救拔陰囚離苦厄，志誠自得道扶持。

又《勉劉三立身》：

人天之道立身難，莫與凶邪共往還，

百行不離眞孝道，未明如隔萬重關。

又《勸行孝道》：

〔註2〕 同註1。

〔註3〕 《水雲集》卷上，收入《正統道藏》太平部友字。

〔註4〕 同註3。

〔註5〕 見《正統道藏》太平部連字。

　　　　一心孝道順三光，苦志精研滅舊殃，

　　　　今古昏魔都絕盡，鍊真去假變清涼。

皆屬七絕，分別押「之」、「元」及「陽」韻。內容著重以孝道作為修煉之方，從孝順父母推及日月星三光，以孝道的精神方能達致成真境地，否則如隔萬重關卡，將與道絕緣。此外尚有詠孝子行跡的詩篇，如元・祁志誠《西雲集》卷下有《孝子》詩云：

　　　　忠順堅持忘世態，居喪謹守棄浮華，

　　　　人間孝子知多少，似此精誠肖幾家。〔註6〕

於贊詠孝子之外，亦感嘆世上孝道之衰微。譚處端、王處一及祁志誠皆是全真道士，譚及王更是全真七子之一，其詩作顯然充分發揮了自王重陽創教以來所標舉重視孝道之精神。而託名呂洞賓之《呂祖詩集》則載有《遺孝子楊太明》詩一首，言楊太明孝行感天，呂帝遂饋仙藥，因其不受，乃贈詩一首勉其入道〔註7〕。此詩實自孝子感應故事而來，據宋・陳巖肖《庚溪詩話》卷下載：

　　　　閩中有一士人，姓楊，家貧而事親孝。忽七月七日，一道人自稱姓
　　　　回，至其家，久之，因取囊中藥，點化一小石為金，贈之曰：「助爾
　　　　甘旨之費。」楊力辭曰：「不願得此，祇欲求一詩為陋室之光。」道
　　　　人因用朱題於壁間曰：「楊君真慤士，孝行動穹壤。上帝憐其勤，
　　　　七夕遣回往。須臾藥頑石，助子為孝養。子既不我受，吾亦不汝強。
　　　　風埃難久留，願子志勿爽。行看首鼠紀，青雲如返掌。」後不知其
　　　　所終。

《呂祖詩集》中詩篇與此相同，顯然是摘錄自此，藉以體現孝感遇仙之信仰。

　　《張三丰先生全集・水石閒談》中亦有七絕一首，籲人及時行孝，以免悔之已晚，抱憾終身。詩云：

　　　　又是秋商露滿林，碧雲天外望親心，

　　　　黃蘆白草霜中老，淚灑泉台幾尺深。〔註8〕

詩作情景交融，藉蕭瑟秋意引人子思親之心，較之前詩之直接說教，文學技巧高明許多，尤具有蒼涼之美感。

〔註6〕見《正統道藏》太平部同字。

〔註7〕見《道藏輯要》第十三冊，考正出版社，1971年7月，頁5519。

〔註8〕同註7，第十八冊，頁7817。

　　至於以歌行體表現之作品則見於託名呂洞賓之《東園雜詠》及《張三丰先生全集》之中。《東園雜詠》中載有七言〈燕子行〉一首，四句一韻，乃藉由燕子來諷喻世人報父母恩，以免抱憾終身。其云：

> 春日晴和來新燕，飛入人家斜目晌，
> 穿簾入閨繞梁間，若與主人初覿面。
> 絮語商量覓春巢，相厥攸居樂陶陶，
> 去年舊居嫌不固，為卜新居語嘈嘈。
> 擇得庭軒心歡喜，不待雞鳴便欲起，
> 鄉村帶啄雨香泥，對對翻飛情難已。
> 費盡辛苦巢始成，窩中靜處無陰晴，
> 忍饑耐渴長如此，迫欲新雛脫殼生。
> 生催啣食不少停，冒雨經風遍野尋，
> 得食歸來哺燕子，賢哉懇懇與勤勤。
> 何期毛羽剛豐滿，飛去他家竟不返。
> 可憐終日語雕梁，痛斷肝腸傷破膽。
> 迴憶乳哺費精神，至今孑然獨一身，
> 鬻子之恩誰報得，空勞心力度三春。
> 吁嗟乎！
> 負恩不獨一燕子，觀燕令我愁腸起，
> 人子不報父母恩，天賦眞良業已死。
> 人生盡孝當及時，膝下依依莫遠離，
> 庭闈無恙早供職，終天抱憾已遲遲。〔註9〕

其寫燕子之築巢、產子、覓食等情狀，生動活潑，擬人化的表現手法栩栩如生，如其云：「絮語商量覓春巢，相厥攸居樂陶陶」「擇得庭軒心歡喜，不待雞鳴便欲起」簡直就像剛搬進新家的新婚夫婦，興奮之情溢於言表，而其敘述為雛燕覓食而不畏冒雨經風，正如世間父母育子養女的辛勞與無怨，最後晚景淒涼，「至今孑然一身」「空勞心力度三春」不正與《太上老君說報父母恩重經》中那遭子忤逆，仰天徒呼奈何的父母一般嗎？故而篇末乃大聲疾呼人子當知所警惕，報恩當及時，以免悔恨終身。通篇出之以清新活潑之筆，繼之以眞摯無悔之情，而以警世之言作結。白居易有〈燕詩示劉叟〉一詩，

〔註9〕同註7，頁5978。

也是藉燕子以警世勸孝，歷代傳誦，詩云：

> 梁上有雙燕，翩翩雄與雌，銜泥兩椽間，一巢生四兒，
> 四兒日夜長，索食聲孜孜，青蟲不易搏，黃口無飽期，
> 嘴爪雖欲敝，心力不知疲，須臾十來往，猶恐巢中飢，
> 辛勤三十日，母瘦雛漸肥，喃喃教言語，一一刷毛衣，
> 一旦羽翼成，引上庭樹枝，舉翅不回顧，隨風四散飛，
> 雌雄空中鳴，聲盡呼不歸，卻入空巢裡，啁啾終夜悲，
> 燕燕爾勿悲，爾當返自思，思爾為雛日，高飛背母時，
> 當時父母念，今日爾應知。〔註10〕

〈燕子行〉與其具相同意涵，或自此脫胎而出。

　　《三丰全集》中有五言〈孝行篇〉，藉由歌詠孝子行跡，勉人效法，並移孝作忠，擴及五倫。詩云：

> 桂宮列楹聯，百行孝為先，文祖能行孝，馨香萬萬年。
> 故其於一身，成道即成仙，成仙即成聖，成聖即兼賢。
> 光明開日月，愛慕通地天，世人欲布孝，孝真百行原。
> 虞舜百揆敘，孝居令聞先。曾子貴三道，事親獨大焉，
> 閔子冠四科，事母獨殷然。古來多孝子，略略為敷宣，
> 莫作孝典看，須作孝則觀。或為米之負，或遺羹之甘，
> 或瞻雲之白，或表衣之斑。或哭杖力減，或懷橘味鮮，
> 或禱竹生䷀，或感石流泉。或念鳥反哺，或祈魚躍淵，
> 或捧安陽橄，或廢蓼莪篇。或思而罷宴，或奉而刻顏，
> 此皆賢哲流，豈無德功言，就其百事好，不若孝纏綿。
> 惟孝始能及，移孝可作忠，惟孝型於妻，以孝信乎朋，
> 一孝包五倫，須知孝可風，至孝孝在心，愛慕見天真，
> 中孝孝在身，奉養宜殷勤，口中雖講孝，能道要能行，
> 面上徒妝孝，欺人並欺親。孝德無窮盡，一念得一分，
> 分分而寸寸，寸寸格天神。孝孝復孝孝，肫肫復肫肫，
> 我作此孝經，經中之大經。〔註11〕

〔註10〕見《全唐詩》下冊，上海古籍出版社，1986 年一版，1992 年 3 月九刷，頁
　　　　1038。
〔註11〕同註8，頁 7784。

首先讚詠文昌帝君行孝成眞、留芳百世之聖蹟，以明志爲成仙成聖之要素，百行之源頭，次詠歷代傳頌不息之孝子行蹟，接著由孝立論，推及五倫，勸人身體力行，莫流於空談。所謂「口中雖講孝，能道要能行，面上徒妝孝，欺人並欺親」。語言相當平實，不煩舉證，反覆勸誘，誦之朗朗上口，相當符合宣揚教化之作品及「通暢易曉」的重要原則。其置文昌於首，顯然有突顯道教孝道之用心。

詩中所歌詠之孝子，除了直言文昌、虞舜、周文王、曾子及閔子騫之外，餘均以四字表其事蹟，未明言何人，今就其辭義判斷，證之史籍所載孝子事蹟，分別說明如下：

（一）或為米之負──子路

《說苑》卷三：

> 昔者由事二親之時，常食藜藿之實，而爲親負米百里之外。

（二）或遺羹之甘──穎考叔

《左傳》：

> 穎考叔聞鄭莊公誓不見母，有獻于公，公賜之羹，食而舍肉，公問之，對曰：「小人有母，請以遺之。」公感其言，遂爲母子如初。

（三）或瞻雲之白──狄仁傑

《名臣錄》：

> 范仲淹曰：「狄公仁傑爲子極于孝，爲臣極于忠。公嘗赴并州，過太行山，反瞻河陽，見白雲孤飛，曰：『吾親在其下。』久而不能去，左右爲之感動。」

（四）或表衣之斑──老萊子

《列女傳》：

> 老萊子孝養二親，行年七十，作嬰兒自娛，著五色斒斕衣，常取漿上堂趺仆，因臥地爲小兒啼。

（五）或哭杖力減──韓伯俞

《說苑》卷三：

> 伯俞有過，其母笞之，泣。其母曰：「他日笞之，未嘗見泣，今泣何也？」對曰：「他日俞得罪，笞嘗痛；今母之力不能使痛，是以泣。」

（六）或懷橘味鮮——陸績

《三國志·吳書·陸績傳》：

> 績年六歲，於九江見袁術。術出橘，績懷三枚，去，拜辭墮地。術
> 謂曰：「陸郎作賓客而懷橘乎？」跪答曰：「欲歸遺母。」

（七）或禱竹生笋——孟宗

《三國志·吳書·孫皓傳》注引《楚國先賢傳》：

> 宗母嗜笋，冬節將至，時笋尚未生，宗入竹林哀嘆，而笋爲之出。

（八）或感石流泉——姜詩

《東觀漢記》卷十七：

> 姜詩，字士遊，廣漢雒人也。……詩性至孝，母好飲江水，令兒常
> 取水，溺死。夫婦痛，恐母知，詐曰：行學。歲歲作衣投於江中。
> 俄而涌泉出舍側，味如江水，日生鯉一雙。

（九）或念烏反哺——李密

《晉書》卷八十八載武帝徵密爲太子洗馬，密上陳情表固辭，其中云：
「臣無祖母，無以至今日；祖母無臣，無以終餘年。……烏烏私情，願乞終
養。」

（十）或祈魚躍淵

歷代盛傳有關爲母求魚者，包括王祥、王延、陸通及姜詩等，分別見《晉
書》卷三十三、《晉書》卷八十八、《周書》卷三十二、《東觀漢記》卷十七。

（十一）或捧安陽檄——毛義

《後漢書》：

> 盧江毛義，家貧，以孝行稱。張奉慕其名往候之，而府檄適至，以
> 義爲守令。義捧檄入，喜動顏色，奉心賤之。及義母死，服終。舉
> 賢良公車徵，遂不至。奉乃嘆曰：「賢者不可測，昔日之喜爲親
> 也。」

（十二）或廢蓼莪篇——王裒

《晉書》卷八十八：

> 王裒字偉元，城陽營陵人也。……及讀詩至哀哀父母，生我劬勞，
> 未嘗不三復流涕，門人受業者並廢蓼莪之篇。

（十三）或思而罷宴──寇準

清人楊潮觀撰有《寇萊公思親罷宴》雜劇，言寇準舖張盛宴，老嫗劉婆藉機勸誡，敘準幼時家貧情形，準悟而撤宴之事。其本事出宋·邵伯溫《聞見前錄》：

> 寇萊公既貴，因得月俸置堂上，有老嫗泣曰：「太夫人捐館時，家貧，欲絹一匹作衣裳不可得，不及公之今日也。」公聞之大慟，故居家儉素，所臥青帷二十年不易。

（十四）或奉而刻顏──丁蘭

《法苑珠林》卷四十九〈忠孝篇〉引劉向《孝子傳》：

> 丁蘭，河內野王人也，年十五喪母，刻木作母事之，供養如生。

二、籤　詩

求籤是基於人們企圖預知未來的心理，其性質可溯至古代殷人之甲骨占卜，而方法有別，須先以「杯珓」求取神明意見，杯珓以兩片蚌殼、竹、木或兩個銅錢爲之，丟擲後若一正一反，則可抽籤，若同正或同反則須重來。籤則以竹或木削成長片製成，上寫字句以示吉凶，通常以詩句爲多〔註12〕。由於求籤活動普遍盛行民間，故而乃有大量籤詩之產生。

《正統道藏》正一部納字中收有《大慈好生九天衛房聖母元君靈應寶籤》，葛兆光《道教與中國文化》認爲出自元代或明初道士之手，其形成與內容都與近代靈籤一樣〔註13〕，而其中即具有大量勸孝之籤詩，蓋其首之〈三天聖師敬讚〉即標榜「忠孝」二字爲目的：

> 妙哉靈應九十九，玄奧眞詮廣聖慈，
> 爲恐有情忘正念，故垂籤語指群迷，
> 萬郡生民俱有幸，千般巧計總爲非，
> 人還肯信行忠孝，吾當親奏寶鸞墀。

其以勸孝爲訴求者，計有第二、三、五、九、十六、二十、二十二、六十五、七十一、八十四、八十五、八十六、八十八及第九十等籤詩，均係七言。由於這些多屬婦女問卜求子之籤，故其內容亦著重於呼籲爲人媳婦者當孝敬公婆，如第五籤云：

〔註12〕參見葛兆光《道教與中國文化》，東華書局，1989年12月，頁345～346。
〔註13〕同註12，頁347。

常依正道天神佑，敬重翁姑將師怜，

臨盆坐草還欣慶，展開眉鎖賀團圓。

敬重翁姑則可得賢子，若不孝翁姑不僅求子難遂，且易招致聖眞責怪，獲得陰譴，應及時悔悟，方可獲子。如第十六籤云：

一番桃李一番春，不敬公姑致此因，

萬聖千眞俱喜孝，省時猶可保全生。

第二十二籤云：

翁姑恩德比蒼天，動用因何敢自專，

汝若悔新吾亦喜，恁時曲賜一英賢。

第六十五籤更明白表述勸孝之意旨：

心香一炷以虔誠，特敕仙童降此籤，

孝敬堂親吾所勸，汝還遵守得英賢。

此外，道教乃以孝道結合其宗教信仰，以利其教之傳播，在籤詩中也可窺見此一用心，如第二籤云：

仁慈信善孝翁姑，守一存貞敬重夫，

吾今特賜臨盆慶，更宜常服保胎符。

除了孝親敬天，尚須輔之以道符，宗教意圖至爲明顯，故其解籤語曰：「孝親敬夫，名達天敬，名達天應，善力保全，皈依道法，常服靈符，臨盆有慶，母子雙全。」而第九籤及第八十五籤則勉人行孝奉經，其第九籤云：

敬吾大道敬神明，恭奉堂親及奉經，

日常善果今當應，天人著意保全生。

第八十五籤云：

君要求兒須有法，依吾敬奉得賢郎，

父母公婆當孝養，更宜看誦玉樞章。

而第八十八籤則更加入了食齋持戒的宗教規範，其云：

食齋持戒誦眞經，孝敬堂親睦兄弟，

任你所求吾俱允，賜賢貴子答虔誠。

這些籤詩突顯道教以孝傳教的一貫作風，同時乃灌輸世人以孝爲首，而信仰次之的正確觀念，若不孝親則誦經亦屬枉然，其第七十一籤云：

只知口誦經和咒，動用欺心不孝親，

行濁言清難準信，當頭事到自捫心。

道藏中另有《護國嘉濟江東王靈籤》〔註14〕,《道藏提要》疑「護國嘉濟江東王」乃宋代對秦人石固之封號,靈籤爲南宋傅燁所撰〔註15〕。其籤詩則是肯定了忠孝等德行可袪禍保家,力行實踐則無須求神問卜,自可得福保身。如第三籤云:

> 衣食自然生處有,勸君不用勞苦心,
>
> 但能孝悌兼忠信,福祿來成禍不侵。

又第六十七籤云:

> 纏發君心天已知,何須問我決狐疑,
>
> 願子改圖從孝悌,不愁家室不相宜。

另外《玄天上帝百字聖號》〔註16〕中第三十三籤則以忠孝爲療病之良方,其云:

> 皮膚消瘦骨還堅,每日憸憸未得瘥,
>
> 但要存心報忠孝,何憂小病損天年。

這些籤詩雖然皆缺乏琦辭瑰句,文學性質不高,但語言樸實無華,通暢明白,出之以整齊之句式,諄諄善誘,使庶民易誦易曉,加以平民百姓信仰神明之堅心,篤信相傳,對於社會大眾勸善淑世之功,不可輕忽。

三、詞

金‧侯善淵《上清太玄集》卷九收有〈沁園春〉一首,其云:

> 處世爲人,德重恩深,莫過二親。始懷胎十月,三年乳哺;迴乾就濕,多少辛勤。長大成人,心生五眼,外姓調唆各令門。誰省悟,似鴟梟还婬,報應因巡。
>
> 休休枉恁勞神,更莫忘當初懷哺恩,念靈烏返報,寒猿避箭;誠心孝敬,何況爲人。諸事不違,順承顏色,飲膳寒溫時用均。存終始,道光于四海,德播清淳。〔註17〕

前闋宣揚人生在世,以父母之恩德最爲深重,強調二親育子之勞苦,感嘆世人多爲妻子而棄父母於不顧,並舉鴟梟及刴沙二種不孝的動物爲例,藉由「報

〔註14〕見《正統道藏》正一部納字。

〔註15〕參見任繼愈編《道藏提要》,中國社會科學出版社,1991 年 7 月,頁 1027～1028。

〔註16〕又作《玄帝感應靈籤》,收入《續道藏》冠字。

〔註17〕見《正統道藏》太玄部上字。

應不爽」的宗教觀念以警醒世人。蓋《說文》云：「梟者，不孝鳥也。」《漢書·效祀志上》注引孟康曰：「梟，鳥之名，食母。」而「刮沙」當爲「壁鏡」，「鏡」又作「獍」，據《古今圖書集成·禽蟲典》第一百二十三卷引《述異記》云：「獍之爲獸，如虎豹而小，還食其母，故曰梟獍。」又引《酉陽雜俎》曰：「今言梟鏡者，往往謂壁間蛛爲鏡，見其形規而匾伏，必爲子所食也。」由於梟、鏡二者均有食母之性，與中國故有倫理觀念大相違背，故往往以「梟鏡」並稱，而此詞即以其幼而食母，長則爲子所食的情形，認爲是報應循環，藉此奉勸世人勿不孝父母，深具警世的作用。

後闋是勉人順承父母顏色，強調「諸事不違」及「存終始」，亦即「生事之以禮，死事之以禮」的傳統孝道，並以靈鳥及寒猿皆知報恩，諷喻世人當行孝道，否則豈非連禽獸不如？蓋《本草釋名》曰：「烏字篆文象形鴉，……此鳥初生，母哺六十日，長則反哺六十日，可謂慈孝矣。」故烏在傳統上一向被視爲孝鳥。而「寒猿避箭」之事，據《淵鑑類函》卷四百三十一「拔箭」條云：「蜀鄧艾見黑猿抱子在樹上，引弩射之，中猿母，其子爲拔箭，卷樹葉塞瘡口，艾嘆曰：『吾違物性，其將死矣。』乃投弩水中。」

觀其內容實亦受佛道二教《報父母恩重經》之影響，不僅在文字上使用了其中最爲人熟悉的語言如「懷胎十月，三年乳哺，迴乾就濕」等，而其所感嘆「長大成人，心生五眼，外姓調唆各令門」之情形亦與經文所述相似，至於「誰省悟，似鴟梟刮沙，報應因巡。」以及「念靈鳥返報，寒猿避箭；誠心孝敬，何況爲人。」等語，和經文中言不孝者「雖是人形，不如禽獸」，「罪畢受報，爲百勞鳥，生子能飛，共食其母」的思想一樣，而出之以正統文學的體裁，敘事井然，前後二闋分舉二種動物以爲譬喻，分述不孝與孝之情境，對比鮮明，故文學性乃相對增強。

《重陽全眞集》中亦有勸孝之詞，如卷七之〈漁家傲·又贈寧生〉云：

　　夫喚三郎妻九姐，兩椽合得一間舍。骨作牆梁皮作瓦。休誇詫，父娘成就伊居也。

　　兒願室家女願嫁，舅姑修葺何時罷。日日功錢難答謝。聽余話，長行孝順酬斯價。〔註18〕

同書又有《滿庭芳·又未欲脫家》一首云：

〔註18〕見《正統道藏》太平部枝字。

> 未欲修持，先通吉善，在家作福堪當。晨參夜禮，長是燕名香。漸
> 漸財疏色減，看分寸，營養爺娘。擒猿馬，古來一句，柔弱勝剛
> 強。
>
> 從長，凡百事，先人後己，勤認炎涼。與六親和睦，朋友圓方。宗
> 祖靈祠祭饗，頻行孝，以序思量。逢佳節，懽欣訪飲，齊齊唱滿
> 庭芳。〔註19〕

其中包含了道教修習的方法，欲人看淡財色，收心猿鎖意馬，加之以人倫規
範。不僅勸人常行孝道，而且參之以內丹修煉方法，正是全真道修煉思想的
表現。

第二節　青　詞

　　青詞又作青辭，又名綠章，乃道教舉行齋醮上章儀時獻給天神的奏章祝
文，因其以朱筆寫在青藤紙上，故而得名。唐・李肇《翰林志》云：「凡太清
宮道觀荐告詞文，用青藤紙朱字，謂之青詞。」宋・程大昌《演繁露》亦
曰：「今世上自人主，下至臣庶，用道家科儀奏事于天帝者，皆青藤紙朱字，
名爲青詞綠章，即青詞，謂以綠紙爲表章也。」而其之所以選用青紙朱字
的原因，則是「青紙朱書以代披肝瀝血之謂也」〔註20〕。蓋道教以五行配合
五臟，肝屬木，故其色青也，所以說以「青紙朱書」象徵「披肝瀝血」之
至誠。

　　至於青詞格式，唐・楊鉅《翰林學士院舊規》中有〈道門青詞例〉一篇，
道經如《靈寶玉鑑》卷十八、《道門定制》卷一、《無上黃籙大齋立成儀》卷
十一，以及《上清靈寶大法》、《天皇太清玉冊》等都有書寫青詞之格式，以
及書青詞時的種種禁忌，如《無上黃籙大齋立成儀》卷十八云：

> 應青詞須用上等青紙，勿令稍有點污穿破，如紙薄，即將兩幅背之，
> 高一尺二寸，只許用一幅，通前後不過十七行，行密無妨，當令後
> 空紙半幅。自維字之後平頭寫之，上控八刀，下通走蟻，行不拘字
> 數，但謹慎小楷爲妙。如啓聖後下文不得過十六句，當直指其事，
> 務在簡而不華，實而不蕪，切不可眩文贍飾繁藻，惟質樸爲上。仍

〔註19〕同註18。
〔註20〕見《道門定制》卷一，收入《正統道藏》丙字。

> 不得令衣袖等物沾拂詞文。凡書詞之時，當入淨室，几案敷淨巾，
> 朱筆朱盞，勿用腌穢之物，口含妙香閉氣書之。不得以口氣沖文，
> 寫未乖不得落筆及與他人言語，仍不許隔日書下，臣字不得在行頭，
> 行內不得拆破人姓名，此爲書詞之格。〔註21〕

其雖云以「質朴爲上」，《道門定制》亦主張「不可以對偶聯屬」，然道教中青詞多用駢體，以四六文句構成，對仗整齊而文辭華麗，如《玄壇要旨四六金書》序云：「諸式之作，其文字法則效《滕王閣序》四六章句。」〔註22〕明・徐師曾《文體明辨》亦曰：「按陳繹曾云：青詞者，方士懺過之詞也，或以祈福，或以荐亡，唯道家用之。……詞用儷語，諸集皆有。」蓋青詞即是以其對仗之工整，辭藻之華麗而大受文人歡迎，並因而形成一種文體，歷代文人多有作青詞者，如宋代王安石、陸游、元代虞集等，道教學者則以杜光庭所作青詞爲著，《四庫全書總目》卷一五一《集部・別集類四》即云：「光庭駢偶之文，詞頗贍麗。」其所作青詞多收於《廣成集》中。

　　道教中由於開啓的道場不同，所上表章之名稱各異，然皆統稱爲青詞，其內容亦包羅廣泛，《玄壇要旨四六金書》序即云：「厥中悠爲之旨：答天謝地、報國裕民、超祖延親、資師益友，舉世物類，靡不備載。」〔註23〕其中即包含了許多人子抒發孝思的作品，堪稱道教文學之佳作。保存在《正統道藏》中的此類作品，主要見於《廣成集》卷五、《徐仙翰藻》卷十以及《萃善錄》卷上之中。據《道藏提要》考證，《徐山翰藻》成於元大德年間，不著撰者，徐仙乃指徐知證及徐知諤兄弟二人〔註24〕，《萃善錄》則爲明萬曆年間五十代天師張國祥所編，乃匯集宋元明三朝天師道之青詞而成。〔註25〕

　　其作品主要爲建黃籙齋或九幽醮所作，內容爲禳疾延壽及薦親祖父母二大類，如《先鋒王承璲爲祖母九曜醮詞》云：

> 伏以列曜五行，是司罪福，上棟下宇，亦有主張。於成生孕育之間，
> 寧無凶吉，在應護居棲之內，必有愆瑕。須憑道力玄功，以解深災

〔註21〕見《正統道藏》洞玄部威儀類在字。
〔註22〕《玄壇要旨四六金書》爲全眞教之手書青詞，撰者爲明萬曆年間涿鹿猶龍龍嗣士任太寧，清光緒年間白雲觀二十代方丈高明峒補充整理。該書現藏北京白雲觀。其序言乃引自長虹〈青詞瑣談〉，載《中國道教》，1990年二期，頁22。
〔註23〕同註22。
〔註24〕同註15，頁1159〜1160。
〔註25〕同註15，頁733。

重過。元皇立教，三洞垂文，敢按經科，虔祈福祐。臣祖母代國太夫人某氏，年八十歲，本命乙卯三月十三日戊午生，今以土火二曜，居三合之方，天符飛旗，衝大運之上，五土尅於子水，仍臨生日之辰，以此刑妨，因成微恙。兢憂戰越，罔敢自安。伏念臣叨奉聖時，獲承福緒，而早悲孤甤，繼履家艱，惟祖母慈顏，得晨夕侍奉，刳心瀝懇，願祝遐年，今則所疾瘵仍，災躔臨照，竊恐居宅之所，或有犯違，積世以來，或有冤債，或往世有考延之釁，或幽陰有訟逮之文，構此衰危，盡希懺解。是用選求吉日，恭備醮壇，伏惟大道垂光，眾尊憫鑒，為臣祖母某氏解鎮災咎，延續年齡，增生祿於南宮，落罪名於北府，疾瘵除蕩，腠理和調，神藥潛資，靈官密衛，克蒙平愈，永賜安貞，洎乎宅宇之中，常諧吉祐，龍神鎮守，邪惡銷亡，唯冀勵修，上答玄造。不任。〔註26〕

文云王承璲自幼父母雙亡，唯與祖母相依為命，如今祖母染疾，乃誠心為其設醮，藉以禳疾延壽，孝心可感，而其揣測種種祖母生病之因，慌亂憂愁之情溢於言表，正如作者所言「兢憂戰越，罔敢自安」故乃希冀神力，助其「解鎮災咎，延續年齡」。又《興州王承休特進為母修黃籙齋詞》云：

臣聞上聖垂科，天真設教，神功救物，無遺動植之中，惠力宣恩，普及昇沉之內。粤自玄古，逮於茲辰，荷澤蒙慈，莫知紀極。由是酆山北都，潛祛邪沴之塵，斗極南昌，廣布生成之照，必資虔潔，方獲感通。臣猥以凡微，叨榮道廕，遭逢睿獎，踐歷官裳。入侍天階，高陟九霄之上；出持符竹，寵臨千里之中。或齋肅師徒，須行刑憲，輯寧封部，須舉威章。慮乖折衷之宜，自掇過尤之目，以茲兢灼，常實肺懷。今則臣母竇氏，本命甲子某月某日生，災運所纏，遂嬰疾苦，雖勤服餌，未獲痊平，恐是往債宿冤，尚為注訟，前生今世，旋結罪名，或星曜所臨，或年辰所歷，凶災凌撓，命祿衰微，曉夕憂惶，罔知救護。況臣主持王事，迢遞道途，不得躬奉庭闈，親調藥膳，心馳萬壑，目斷千山。惟憑大道之慈，冀集感通之效。是用歸依靈觀，稽首華壇，修黃籙道場，告玄真上聖，願迴聖鑒，俯介福祥，賜臣母氏，易短促之齡，益遐長之祚，蠲消厄會，蕩滌災衰，使六氣均調，百關康愈，咎瑕除解，冤債和平，克瞻日

〔註26〕見《廣成集》卷五，收入《正統道藏》洞玄部表奏類敢字。

月之華，別降生成之福。三途幽夜，六趣殊倫，同享勝因，共臻善
眖，九玄開度，五族安寧。微臣常奉二親，得勵旨甘之願，榮朝聖
王，永勤忠赤之誠。惟誓丹襟，上副玄祐，不任瀝懇，望恩虔祈之
至，謹詞。〔註27〕

此文亦是以王承休之母患病，因藥石無效，令其「曉夕憂惶，罔知救護」，加
之以王承休為官在外，未能「躬奉庭闈，親調藥膳」正可謂「心馳萬壑，目
斷千山，」雖心急如焚，卻無能為力，乃誠心祈求上蒼，令其母百關康癒。
文章對仗甚工，用語精煉，孝子憂思及祈禱之至誠表露無遺。

　　至於薦親祖父母之青詞，多見於《徐仙翰藻》及《萃善錄》中，如《萃
善錄》卷上之〈仙姑薦父母詞〉云：

父何怙，母何恃，嗟永隔於歸寧；乾資始，坤資生，冀重開於化育。
三熏請命，九拜投誠，伏念季女有歸，二親莫贖，誚焉供祀，贊善
教以利人，惕若奉先，愧近功而撫己。蒿目濺感時之淚，草心萌追
遠之思，明水具陳，恩波允賴，伏願大鈞無息，至鑒有容，地道陽
光，超椿萱之朽質；人元合妙，副葵藿之私情。〔註28〕

先感父母生成之德，繼抒思親之念，而後表述至誠，祈願雙親之得超度，情
深意摯，讀之令人動容。又《周年建醮薦母》詞云：

母兮鞠我，蓼莪之痛無窮；期而小祥，白駒之過何速。惟攄哀素，
上徹穹蒼，伏念某自罹陟岵之悲，忍見星周之次，念升沉之莫測，
幸拔度之有科，謹潔塵居，肅迎飆馭，伏願雲開黃道，風送綠章，
詔三界以逍遙，擁萬真之來下。慈光遠被，庸昭觀盥之誠；明日將
朝，不盡童蒙之瀆。〔註29〕

也是感受其母之恩，孝思不匱，故而建醮上章，誠心祝禱。其云：「念升沉之
莫測，幸拔度之有章」，顯見道教此種建醮上的儀式，確實為人子孝道實踐提
供了良好的途徑，具有撫慰人心的宗教功能。其「雲開黃道，風送綠章，詔
三界以逍遙，擁萬真之來下」之文辭，可謂體現了道教仙界之飄渺意境。

　　《徐仙翰藻》卷十之薦親詞更多，如〈女薦父詞〉七首之七云：

伏以五念分崩，忍割先君之愛，百身莫報，不堪少女之憂，俯瀝卑

〔註27〕同註26。
〔註28〕見《正統道藏》洞神部表奏類澄字。
〔註29〕同註28。

忱，仰干高聽。伏念妾父婚嫁雖了，勤苦如斯，擔未弛於息肩，疾
遽嬰於發背，露晞星殞，傷心一夢之蓬蓬，日居月諸，轉眼六旬之
冉冉，欲歌宋玉招魂之些，敢上緹縈贖罪之書，伏願黑簿除名，早
親承於金籙白簡，朱陵拜表，宜受度於火沼水池，遍及沉淪，俱登
快樂。〔註30〕

敘其父因積勞成疾而遽逝，深感父母難償。其云「欲歌宋玉招魂之些，敢上
緹縈贖罪之書」，表達了其思父之切及孝心之堅。又〈薦親詞〉云：

伏以彼蒼者天如何贖，敢竭以忠，孩提之童愛其親，誰無此孝，自
慚再瀆，已具初詞。伏念某等遠慮深思，常懷事死事生之難盡；待
人處己，初無有孝有德之可稱，乃朝岳帝至於泰山，顧與眾生同叛
大道，伏願男女莫不傾心，皆護度咸得長生，鬼神聞此隱語以昇遷，
不經苦惱。〔註31〕

則是闡發忠孝思想，而駢散並用，辭句亦較樸實。

《徐仙翰藻》及《萃善錄》之作品較之《廣成集》而言，在形式上趨於
簡化，《徐仙翰藻》中青詞尚皆以「伏以」開頭，至《萃善錄》則亦加以省略。
在字句上也愈形短少。然其作品多對仗嚴整，字句簡潔典雅，文辭精煉，在
親情的抒發上則心誠意摯。如其言思親之切則云：

客途天遠，空馳游子之心；鄉岫雲停，不見慈親之面。（萃善錄·吳
惟德薦母）

蒿目濺感時之淚，草心萌追遠之思。（萃善錄·仙姑薦父母）

天高地迥，誰為續魄以招魂；月冷霜寒，誰不傷心而濺淚。（徐仙翰
藻·女薦父詞七之二）

敘孝養之願則曰：

惟帝心之簡在，祈母籌以增延。菽水春暉，錫雙親之齊老；萱花晚
景，增百福以攸同。（萃善錄·張資善還玉臺保母）

或希冀父母超昇仙界：

蓬島回車，喚醒虛觥之夢，桃池侍宴，容登快樂之鄉。（萃善錄·吳
惟德薦母）

〔註30〕見《續道藏》卿字。
〔註31〕同註30。

不僅有人子椎心刺骨的思想之痛，希望親祖獲登樂土的殷切期盼，也體現道教仙境的令人響往。

　　道教之黃籙、九幽等齋醮，主要以拔度先祖爲目的，在這些道場所作青詞，自然充滿對親祖深恩之感受，人子思親之情在這些青詞中表露無遺，其以嚴整句式及典雅文辭表達孝思，誠屬道教孝道文學上品之作。

第三節　勸孝文及語錄

　　明清時期扶乩風氣大盛，藉神明降筆之勸世作品大量問世，其中立意弘揚孝道之作，多有以短文或語錄形式出現者，主要收錄於《道藏輯要》之中，今分別論述如下：

一、勸孝文

　　此類作品多依託呂洞賓降筆，故多收於其文集中，《呂帝文集》中有〈勸孝文〉、〈重示教孝文〉、〈孝養薦先合論〉及〈文昌帝君孝經序〉等文，《敬灶寶經》亦收有〈東廚司命通天定福眞君勸孝文〉，均以奉勸世人行孝爲主旨。《呂帝文集》乃爲後人依託，其文集中有〈求子文〉云：「吾當令送子元帥衛房聖母送麟兒，宋王曾、明王守仁是顯證也。」又〈重示教孝文〉有「呂帝曰」云云，其提及明代王陽明，又以呂帝自稱，顯見是後人僞託。而《東廚司命通天定福眞君勸孝文》有云：「爰降筆於樂善居，特勸世人。」文末又有「道光庚子歲正月十五日挽瀾室抄」之語，則其大概是清道光年間扶乩降筆之作。此乃由於呂洞賓信仰及灶君信仰的普及，後人乃依附其名，爲文勸世，以利其傳播。觀其文敘父母恩德，痛斥不孝之非，確有發人深省之處，且文辭樸實自然，不無可取，今一一述之如後。

（一）〈勸孝文〉〔註32〕

　　本文以人子的日益成長，和父母的逐漸衰老，形成強烈的對比，歷敘父母在此過程中對子女之疼惜，提攜養育，爲其生業百般籌計等，藉以刺激世人自我反省，在立場互換之時，該以何種態度去照顧年邁的雙親。其云：

> 世之人善莫大於孝，不善莫大於不孝。試思人子墮地時，口舌難言，手足難動，無識無知，爲之含哺懷抱，體察饑寒，萬惜千憐，

―――――――――

〔註32〕見《呂帝文集》，收入《道藏輯要》第十二冊，頁5489。

> 非親而誰也，則親久耳聾眼暗，齒落筋衰，步履維艱之日，回想從
> 前，當孝乎？不當孝乎？再思襁褓時，患瘡患痘，遺矢遺溺，與死
> 為鄰，為之撫摩調治，推乾就濕，萬痛千疼，非親而誰也。則親之
> 疾病龍鐘，淹纏床第，宛轉呻吟之日，回想從前，當孝乎？不當孝
> 乎？又思長成時，為之求衣食，完婚娶，立財產，萬計千籌，非親
> 而誰也。則親之形骸瘦瘁，精神耗散，非帛不溫，非肉不飽之日，
> 回想從前，當孝乎？不當孝乎？

繼而舉三種父母撫育子女最為艱困的處境，一為貧賤之家，二為嫠母存孤，
三為妾媵生子，而言人子居此環境得以順利成長，若不知孝，其罪彌重，其
云：

> 夫在富貴者，父有家業之豐饒，母有婢媼之使令，而生我鞠我，顧
> 我復我，教誨詒謀我，罔極深恩，猶難酬報，而況貧賤者，乃忍饑
> 以食之，忍寒以衣之，劬勞辛苦以養之，哀哀父母，欲報之恩，甯
> 有涯涘耶。至於嫠母存孤，煢煢矢志，一絲血脈，育養成人，天地
> 為之改色，鬼神為之含悽，設有不孝，罪大尋常十倍，或有妾媵生
> 子，遭嫡婦之妒虐，母命險在深淵，子女危如纍卵，僥倖成立，艱
> 苦備嘗，設有不孝，惡加忤逆三重，是故不孝之愆，陽律所不赦，
> 陰律所難原。

接著比較父母撫育子女的時間及子女照顧年老父母的時間，認為「親之養子
之日頗長」而「子之養親之日甚短，崦嵫暮矣，桑榆迫矣」，若不思及時盡
孝，則人性已然泯滅。最後普勸世人，行孝則得順孫，舉詩經「孝思不匱，
永錫爾類」作結。文中描情寫狀生動自然，而強烈的對比手法，確能引人深
思自省。

（二）《重示教孝文》 [註33]

此文篇幅甚短，而類於語錄，其云：

> 呂帝曰：舜契敷五教，首在父子有親，而孝之名以立，然則孝之道
> 自唐虞而始有乎，非也，自有生民即有父子，自有父子即有孝慈，
> 父之慈不待學也，子之孝不待學也，上古維渾維穆，有情無文，孝
> 道最真，中古文明繼起，有情有文，孝道斯全，後世人心日漓，有

〔註33〕同註32，頁5497。

文無情，孝道乃薄。世運殊，所以爲孝亦殊，然其出於性則無殊。故夫孝之爲道，與天地相終始者也。嗟乎，天不變，地不變，則人亦不變，而天不能不爲運變，地不能不爲運變，人亦不能不爲運變，然運變後孝不變，孝即以運而變，而吾人終不可任其變，吾於人之幼也，見其有情無文如太古，然則吾願人之壯及老也，亦如中古之有情有文，而不移於後世之有文無情焉可矣。況無情亦無文也，傷哉。

本文感嘆孝道本爲人性自具，不待學而得，卻因天地之運變而人心亦隨之而變，以致後世人心日漓而孝道乃爲之澆薄。最後期許世人能夠回復本性，如嬰兒之情最眞，莫讓孝道泯滅，頗具感傷之語調。

（三）《孝養薦先合論》 〔註34〕

文言孝之眞諦在於養志，供養父母應竭心盡力給其所好之物，然亦須「隨力隨境」。其言進食之原則云：

精則言其物之本來，佳則論其味之如何，如是物之精粗，隨在有定評，味之如何，即如夏時食物，不論蔬果些微之品，偶隔一夕，必須細辨其味之堪否應進否，言夏而秋冬該之矣。又如進斯食必因其素愛之物，竭心從事以進之，亦隨力隨境，不拘定精者佳甚者，要知父母而爲若子之父母，則其所好之物亦是隨常物，必非謀過分之想矣。

次言若不能孝養，則應「薦先」：

人生祖父母雙白在堂能幾人哉，既不能孝養，因有薦先之例。

所謂「薦先」，即「薦新時物也」，以四季之各種時物薦享祖先，則祖先亦隨時庇佑，「存亡如在家」，則可保其運勢興隆也。故其云：

今統曰薦先，而其實薦新時物也。如至春而薦春物，薦春物而爲人子者既知有春而孝享，爲子先者亦知有春而來格，春不止一物統一春中，凡爲物之春者無不物物享之，則祖先亦於一春中無不物物來格，一點血肉時時痛癢相關，默契默佑，存亡如在家，豈有消索之日，運豈無興隆之時哉！

此文實際上是對儒家「養志」及「愼終追遠」思想的發揮，其以時物供養先

〔註34〕同註32，頁5468～5469。

祖，正是欲人不要忘本，隨時恓懷先人。

（四）〈文昌帝君孝經序〉〔註35〕

首揭孝道乃天經地義之事，而人多忽之，繼而勸人早行孝道，以免他日悔恨。故云：

> 夫當我身成立之際，父母之精力漸已衰零，雖孳孳愛日猶恐時不我待，而忍蹉跎荏苒貽他年風木之悲，靜言以思，淚下涓涓矣。

文中並強調貧賤、疾痛及養志之孝最難：

> 雖然處富貴之孝易，處貧賤之孝難。處康寧之孝易，處疾痛之孝難。孝之在養口體者易，孝之在養志者難。富貴者，備物聚順，諒不爲靳，若簞瓢菽水，則惓惓之隱愈切。康寧者，從容色笑，可以承歡，若侍寢延醫，則懇懇之情彌篤。至於養在口體，即中人尚可勉爲，若親意所注，親力未逮，必委曲以全之，神相契而氣相孚，可謂視聽於無形聲矣。

最後勉人勿妄作辱親，而應竭力榮親，並推而爲鄉間之莊士，國家之良臣：

> 一出一入有爲親辱者，造次不敢妄作，一言一事可以爲親榮者，竭蹶在所必爲，斯不愧孝之目與。所以出則爲國家之良臣，處則爲鄉間之莊士。

其雖爲扶乩之作，然文意曉暢而辭亦樸質，多以正反對比之手法，反覆論述，以突顯其訴求，故能加深讀者之印象，而能掌握行孝之重要及孝道之實質。

（五）〈東廚司命通天定福真君勸孝文〉〔註36〕

首言人子於幼時多依戀父母，長成之後則漸生忤逆，娶妻生子之後尤甚，其云：

> 人當少時，在乳哺孩提之際，未有不念父母者，至十歲外，知識漸通，性情漸變，恃父母愛憐之餘，使喚之未必須從，呵責之反生怨恨，不孝之跡日已形矣。十六以後，情竇乍開，倘不以聖訓格言時時諷誦，警惕其心，或誤交狎邪之友，遂娶妻生子，琴瑟恩深，椿

〔註35〕同註32，頁5448～5449。

〔註36〕見《敬灶寶經》，收入《藏外道書》第四冊，巴蜀書社，1992年8月，頁281～282。

> 萱愛薄，依房內之嬌妻，頓以雙親爲外客；聽枕邊之讒語，甚以二
> 老爲仇人。於是耽酒色而致成疾病，父母雖有言勿聽也。有財物而
> 私與妻孥，父母雖欲用而不能也。

不孝之子竟是「琴瑟恩深，椿萱愛薄。依房內之嬌妻，頓以雙親爲外客；聽枕邊讒語，甚以二老爲仇人」，其所敘之不孝情狀，與《太上老君說報父母恩重經》所言相同，實亦經文之餘緒。而對比不孝行徑之譴責，亦是訴諸道教「功過」之思想及司命之信仰，藉由宗教之權威來勸人愧悟行孝，以得福報。故曰：

> 余爲司命，日在人家，記功記過，歷歷不爽。至每月晦日，合家家
> 而彙奏於天，無如盡孝者甚少，不孝者甚多，於是按善惡爲報應。
> 天即有好生之心，人實有自召之劫，余深憫焉。

觀道教勸孝文之作，藉由扶乩降筆之方式，依託於某位信仰普及之神明，由於具有廣大的群眾基礎，再加上宗教神明之懲惡勸善的權威性，能使民眾信服，出之以平實自然之文辭，則使大眾易懂，故易於在民間普遍流傳，使孝道思想深入民心。由於是扶乩降筆，故文辭優劣互見，〈勸孝文〉及〈文昌帝君孝經序〉在描寫情景上顯較其他文章來得深刻入微，文辭亦較雅潔，對比之手法亦使主題鮮明，而發人深省。

二、語　錄

　　道教語錄多是記錄仙人降筆之言辭，或宣揚道德規範，或述修煉方術，亦有針對某人而降示之語，文筆簡短通俗，大抵以勸善爲主旨。

　　以語錄形式闡述孝道之文獻，包括《三丰全集‧水石閒談》、《東園語錄》、《福報指南》、《三寶心鐙》、《雲巢精舍語錄》以及《新月壇語錄》等，皆收錄於《道藏輯要》中，大抵均屬明清之際扶乩降筆之作，如《三丰全集‧水石閒談》的成書，黃兆漢〈從道書的形成看清代文人的宗教生活〉認爲：「《閒談》部分提到劉卓菴、李西月、李圓陽、楊蟠山等西派道士，又提到嶽雲壇、吟風館等西派的道理，很明白的顯示這部分是李西月輩爲了記錄或表揚西派的宗教活動而編進《全集》去的，部分文字可能是張三丰的降筆，但更有可能是李輩有意僞造，情形與《雲水三集》相同。」〔註37〕而《東園

〔註37〕見黃兆漢〈從道書的形成看清代文人的宗教生活〉，收入《道教研究論文集》，
　　　　香港：中文大學出版社，1988年，頁105。

語錄‧總序》則假呂帝之口曰：「復成牖民覺世，吾之志願，常降言以示，勸戒諸子，錄而藏諸篋，固請釐定，題曰：東園語錄。」〔註38〕說明其乃由扶箕而來。

　　所論述之孝道理念，大抵承續儒家孝道倫理範疇，反覆宣揚其義理，同時也結合了其成仙信仰，做為勸說世人行孝之誘因，內容可區分為以下幾個概念：

（一）誠　敬

《雲巢精舍語錄》云：

> 呂帝曰：孝弟忠信四大柱，其豎其柱而用心椽瓦，何能成得大廈，人子一衣一食何非父母所遺，即自己白手成家，無非父母恩典，親有四樣：貧老疾病，更宜盡心，世人以飲食為存，無有誠敬，是豢飼也，何足為孝，孝則流芳，逆則雷擊，人身且失，何論希仙。
> 〔註39〕

所謂「無有誠敬，是豢飼也」，就孔子所云：「今之孝者，是謂能養。至於犬馬，皆能有養，不敬，何以別乎？」（《論語‧為政》）而「貧老疾病，更宜盡心」則適切的反映人子最易失去孝心的幾種處境，是物質與精神最為匱乏之時，於此時猶能盡心事奉雙親，方能顯出其孝心之懇摯，其語先感懷父母恩典，引人子報恩之心，繼而述奉養父母所最易忽略之事，最後論及孝與不孝之結果，語簡而意賅，敘事有序。

　　《東園語錄》則針對人子奉親之態度，做了詳細之說明，其云：

> 必於門內一言一動凜凜焉，覺易犯易觸，躬常自責，腹不少誹，親喜亦喜，親憂亦憂，親所愛與俱愛，親所惡與俱惡，一切輕浮躁慢，驕矜滿假之念，不形於親，親有所命，則速應之，即親無所命，亦當先意承志，曲會親心，而代勞作之。〔註40〕

觀其所言，實乃對儒家「無違」觀念之發揮。

（二）揚名顯親

《東園語錄》曰：

> 凡人當思我身是父母之身，不能顯揚其親不足以為人子，夫所謂顯

〔註38〕同註7，頁5935。
〔註39〕同註7，頁5734。
〔註40〕同註7，頁5942。

揚者，豈必巍巍科高第，前呼後喝哉，如我能孝弟則顯親以孝弟之
名，我能忠信則顯親以忠信之名，我爲善我之親即得善名，我爲惡
我之親即得惡名，善惡在於自作而親名隨之，人子可不愼哉。示劉
子貞。〔註41〕

又曰：

出家者捨父母兄弟而出乎家也，自此養育之恩莫報，骨肉之情已
疏，似是人生不快之事，不知修行亦可度親，改裝亦能報本，若果
護持庵觀，希步佛仙，是就進身之階，亦即顯親之道。示劉本明。

〔註42〕

一方面糾正世俗以爲揚名顯親即是出以高官厚祿之錯誤觀念，導之於務實之
行爲，將其義歸於爲善去惡之方式。另一方面則爲出家制度做辯護，認爲成
仙成佛亦爲顯親之道。蓋世人認爲出家與孝道相背離，在於出家者棄家庭於
不顧，《三寶心鐙》對此即提出批評：

世有皈依釋道者，往往藉口出家，棄置五倫，當思身從何來，急宜
敬養，故入吾門者首先孝順，天上無忤逆仙佛，率土之濱莫非王臣，
天上無不忠仙佛。至於夫婦昆弟朋友莫不皆然，所以闡揚道妙，無
非從倫理中做到聖賢仙佛地位，非若世之惑世誣民，盲修瞎鍊者同
年而語也。〔註43〕

由於亦可見孝道在中國文化根基之深，迫使與其衝突之宗教制度，不得不做
出調和之解釋，以求取生存之道。

（三）繼　志

《東園語錄》曰：

武周達孝在善繼善述，則知繼志述事人子宜然，若以父志爲不必繼，
父事爲不必述，則父之志與事遂泯沒而不彰，所謂其父拆薪，其子
弗克，負荷者尚得謂之孝乎。示崇功。〔註44〕

又曰：

父作室，欲其子之肯構肯堂，厥父菑，欲其子之肯播肯穫。人貴爲

〔註41〕同註7，頁5946。
〔註42〕同註7，頁5969。
〔註43〕同註7，頁5782。
〔註44〕同註7，頁5967。

克家之令子，尤貴爲繼述之孝子，否則大傷厥考之心。昔堯舜之子不肖，其不肖處在不能承父志，非大不類者比也，人若父在無志可觀，父沒無行可述則不但自多愧怍，人將呼而責之矣。示遠近小子輩。〔註45〕

孔子曰：「父在觀其志，父沒觀其行，三年無改於父之道，可謂孝矣。」《東園語錄》也加以發揮其「繼志」之思想，並分舉武王、周公及堯舜之子爲例，形成對比，一爲克繼父志，一爲不肖之子，襃貶互見，以明繼志之可貴。

（四）守　身

《東園語錄》曰：

身雖六尺，妙合三才，時時持之以敬，事事矢之以畏，敬畏深而縱恣少，凡辱身賤行之事皆不敢爲，斯始謂之守身，斯始謂之孝子。

示吳子榮。〔註46〕

曾子云：「父母全而生之，子全而歸之，可謂孝矣。不辱其身，可謂全矣。」（《禮記‧祭義》）《東園語錄》以「敬畏」行事，謹言愼行爲不辱其身之方法，是對曾子之言的進一步詮釋。

《水石閒談》則以其修道之理念方法，用另一角度說明守身行孝之根本：

張子曰：人於孝道務宜各盡天良，不能一樣，卻是一樣同歸於孝字中乃可，欲免門閭之望，就宜歸家奉養，欲求顯揚之義，就宜矢志皇路，欲要保身爲，就宜寡欲清心，徒託空談無益也。二三子顯揚未能，歸家時少，到不如寡欲清心，體曾孟兩賢之訓爲善也，若不清心寡欲，只要妄想名而名不成，妄想利而利不就，妄想一切而一切不可得，形神憔悴，父母之顏形未衰，人子已老憊之態，是欲言孝而孝不久，反令父母惟其疾之憂，多遠遊之慮，不孝而人子一死，反添父母傷悲，反使父母埋葬，由此思之，孝在何處，不將爲畢世之罪人也乎。吾道以清心寡欲爲本，實屬保身之方，再加以色和顏順，身敬意誠，則於孝有得矣。〔註47〕

（五）行孝成仙

《雲巢精舍語錄》云：

〔註45〕同註7，頁5971。
〔註46〕同註7，頁5962。
〔註47〕同註8。

> 問累行法功與行有別，善與德有分，功在事，行在心，舍己饒人，
> 忍辱耐魔，行時時之方便，作種種之陰功，古云百行孝爲先，凡事
> 在父母面上加功，用力省而積累多。鍾祖云：有功無行如無足，有
> 行無功走不前，功行兩全雙足備，誰云無分作神仙。〔註48〕

包含了全眞教之修行理念，王重陽分修行之道爲眞功與眞行，眞功就是清靜
自守，身心安定；眞行就是積德行善，濟世度人。眞功屬於內修，眞行屬於
外形，功行兩全的道士就稱爲眞人、神仙。此處即是以孝做爲眞行的內涵。《涵
三語錄》也說：「天上無不孝神仙，爾惟歸奉其親，坐靜玄默，無向鬧中虛度
歲月。」〔註49〕表明修行當以孝道爲首務。

《新月壇語錄》亦以孝友爲仙佛之根基，不孝者則遭罪戾，其云：

> 呂祖曰：爲人先孝友而後功，自有日興之勢，究竟行成於己，名利
> 未嘗不隨之，推而極之，即到聖賢仙佛，無非孝友二字，立其根基，
> 諸子但向此中行去，何患所爲不成，所求不獲哉，而孝友之道，尤
> 當從心上行持，方是眞孝眞友，否則外博虛名，中無實德，非特不
> 能倖邀天眷，亦恐不免罪戾矣。〔註50〕

《福報指南》則以簡單之推論，說明孝子必爲天仙之緣原：

> 生我者親乎？天也！生我者天乎？親也！親與天一而已矣。親心悅
> 則天心無不悅矣。故孝子視無形，聽無聲，以求親心之悅，亦即視
> 無形，聽無聲，以求天心之悅也。親心悅我，必不忍棄我於外方，
> 而不置之於膝下，天心悅我，必不忍棄我於塵凡，而不位之於左右
> 也，此孝子之所以必爲天仙也。〔註51〕

除了以上所言，《涵三語錄》中還有一則描寫親恩之語，勸人報恩：

> 生身之義，從始細說。十月懷胎而臨盆苦惱，三年乳哺而顧復憂勤。
> 疾痛疴癢，子未言而母先慮；出入起居，身未親而心常念。見其笑
> 啼，而爲之一憂一喜；觀其舉步，而爲之若驚若狂。自忍饑以飽其
> 子，自受凍以衣其兒。望子成立而兩眼幾穿，思其有室而一心難寐，
> 或沖風冒雨以創立根基，或陵險踰阻而新其故業。終日勞勞，都爲
> 後計；午夜戚戚，皆爲子謀。欲報罔替。飽食煖衣以調其體，柔聲

〔註48〕 同註7，頁5737。
〔註49〕 同註7，頁5721。
〔註50〕 同註7，頁5759。
〔註51〕 同註7，頁5768。

下氣以樂其心，順承顏色，祗領意趣。古語云：視於無形，聽於無聲，方爲能子矣。倘正經關頭未曾稍盡，徒以修齋布施、周窮恤匱爲作善事，雖積百千萬種，皆爲烏有。大倫一虧，烏獸弗若。在世則爲人鄙賤，在國則爲法不容，上而神瞋，下而鬼惡。或水火、瘟瘴、鬼魅，厄數難逃，甚而雷轟電擊，震屍毀體，水火不受，如此報應，可不畏哉？〔註52〕

觀此語多對仗，敘恩情則懇切動人，勸報恩則循循善誘，斥不孝則疾言厲色，歸之於宗教之懲誡，與《太上老君說報父母恩重經》具有相同的精神與風格，然其云：「徒以修齋布施，周窮恤匱爲作善事，雖積百千萬種，皆爲烏有。大倫一虧，烏獸弗若。」對世人本末倒置的心態，可謂當頭棒喝。

觀道教語錄，多是對儒家孝道的進一步闡揚，並加入了道教之神仙信仰，以扶乩降筆之方式，對社會大眾述說孝道之眞諦及行孝之方法，直敘其事，無晦澀之言辭，同時引論舉證，敘事井然，或出之以對仗，不致流於膚淺空洞，《東園語錄》之靜定子序，可以說明道教語錄之特色及其造作語錄之原則，其云：

《東園語錄》一書乃孚佑帝君神道設教，朝夕訓誨同人者也。數十年來誘掖獎勸，警覺提撕，不啻如父之教其子，兄之勉其弟，師保之課其生徒，誠所謂發聾警聵，如聞清夜之鐘聲，覺世牖民，擬受當頭之棒喝者歟。然語不取其濃而取其淡，語不取其艷麗而取其清眞，語不取其支離而取親切，且語其常而不語其怪，語其正而不語邪，語其顯而不語微，語新而不語舊。故語仁敬則使人知有君臣，語慈孝則使人知有父子，語有序則使人知有兄弟，語有別有信則使人知有夫婦朋友。辛之，語彌淡而彌永，語彌簡而彌長，語彌清眞而彌中肯，語彌親切而彌有味，謂非可以引人共出迷津，同歸覺路者哉。〔註53〕

就教化人心，闡揚孝道的功能而言，這些語錄更能普及社會而深入基層。

此類作品多託呂洞賓之口，蓋自宋元以來，全眞教奉呂洞賓爲北五祖之一，使其地位日益提高，累代加封，而雜劇小說等之渲染，使得呂洞賓行俠仗義，濟世度人的傳說深入民間，教忠教孝的道德形象也愈形突顯，再加上

〔註52〕同註7，頁5721。
〔註53〕同註7，頁5936。

明清時期扶乩風氣盛行，故多有依附呂洞賓之作品出現，馬曉宏〈呂洞賓著作考略之一〉即云：「呂祖自宋代以降，歷朝現化，靈跡非一，修道之人及民間百姓多傳信不疑，故修道者著書多托諸呂祖。……明代乩降之風氣最盛，降乩請呂仙事民間多有，明清之際，南方多專設呂祖乩壇，故呂祖降筆詩詞經誥贊懺之類，清初最多。」〔註54〕

第四節　科儀文

　　所謂科儀乃指道教齋醮儀典之程式，科即程式，儀為典章制度之禮節程式，道教徒做道場法事之規矩程式，依不同之法事而訂有不同之形式，按照一定法事形式準則做道場，稱為「依科闡事」，即名科儀。

　　道教之科儀文以宣揚孝道為主旨者，可見於《正統道藏》洞玄部威儀類壹字之《玄門報孝追薦儀》，《藏外道書》所收之《廣成儀制報恩齋右案全集》、《廣成儀制報恩左案全集》、《廣成儀制報恩鴻齋集》、《廣成儀制十種報恩全集》及《廣成儀制血湖大齋科品全集》。

　　《廣成儀制》一書，據中國道教協會與蘇州道教協會合編之《道教大辭典》「廣成儀制」條所言，該書乃全真派齋醮科書叢集，共有各種科書二百九十餘卷，今存清代至民國刻本、抄本等，藏於四川青城山古常道觀。因其乃繼廣成先生杜光庭制科書之遺風而作，因以「廣成儀制」題名。書中各卷，多題「武陽雲峰羽客陳仲遠校輯」，偶有兩本又題「雲峰羽客陳復慧校輯」，於此可知陳仲遠又名陳復慧，號雲峰羽客，當為龍門派第十四代玄裔弟子。本集應為陳仲遠搜集杜光庭之後留傳下來的齋醮科書，統一編輯而成。個別文本又題「雲峰羽客陳仲遠著輯」，可證其中亦有陳仲遠所撰科書。〔註55〕

　　今就以上所舉科儀文，一一述之如下。

（一）《玄門報孝追薦儀》

　　不署撰人，《道藏提要》云：「從內容文字看，似出明代。乃出家道士追薦超度其亡親所用，以祝啓文主。」〔註56〕應是屬於明真齋之科儀，敘述明

〔註54〕見馬曉宏〈道藏等諸本所收呂洞賓書目簡注——呂洞賓著作考略之一〉，載《中國道教》，1988 年三期，頁 37。

〔註55〕參見中國道教協會、蘇州道教協會編《道教大辭典》，北京：華夏出版社，1994 年 6 月，頁 146～147。

〔註56〕同註 15，頁 355。

真齋進行的各種程序。而其祝啓文有云：「大哉孝行，至於日月爲之明，王道爲之成，蘭公得其說於斗眞，諶母傳其書於太史，是故淨明之法，本忠君孝親以存心，盟眞之齋，以報祖薦親而立教。」以此觀之，撰者可能爲淨明教派之弟子。

其儀式包括：自然朝行道，師堂序立，步虛，啓師，唱道，陞壇，燒香頌，禮師存念，鳴法鼓，請稱法位，宣詞，禮方懺悔，命魔，步虛，三啓頌，三禮，重稱法位，發願，存神燒香，出堂頌，下壇，謝師，回向，設醮謝恩，步虛，灑淨，宣衛靈咒，請稱法位，請班，降聖，宣詞，宣進狀，宣疏，送神，回軿頌，最後是迭出化財。

所載文詞多以伸述孝思爲主旨，對出家入道而未能親侍父母左右，深表懺悔之意，如其懺悔文云：

> 臣等伏聞太史昇仙，傳九幽明眞之典，天師得道，留三八謝罪之科，非祇徒薦拔於先亡，特所以發明於孝道。……以今報孝弟子某幼師道德之風，未報劬勞之德，倘先靈之未度，將此念以何安，庸奉玄科以資冥福，謹齋香花燈燭法信供養之儀，皈命太上無極大道，……。

對於出家制度與儒家孝道觀念之衝突，以致遭到儒者攻擊，此處亦提出辯解，重申道教之孝道理念，如祝啓文云：「是故淨明之法，本忠君孝親以存心，盟眞之齋，以報祖薦親而立教，以此見學仙之士，曷嘗不篤意於親，謂滅其天常，是特儒者自私之論。」又曰：「雖有取顏淵之語，愼終追遠則歸厚，常思廣曾子之言，屬同門志切於薦親。」極力申辯出家道士並未泯滅天倫，仍心存孝思。另一祝啓文又云：

> 臣聞道者群心之用，物莫能違，孝爲百行之先，人當自勉。惟父母之功莫大，與乾坤之造同符，是故諶母藏教於黃堂，先明孝道，玄帝傳經於玉笈，具述報恩，豈徒養生喪死之盡情，亦欲積行修緣而入妙。蘇仙留橘井與慈母以立功，眞武宴谷嚴爲二親而修果，以此見人倫之大，最爲學道者之先。

舉諶母、玄帝及蘇耽爲證，以明道教對孝道之重視，而其盡孝之方式，乃在於「豈徒養生喪死之盡情，亦欲積行修緣而入妙」，亦即「九祖生天，庶不負出家之意」。

其並更進一步對傳統孝道加以批評，認爲道教齋醮薦拔的盡孝方式，有

儒家所不及之處，其青詞云：

> 臣聞天雖高而聽甚卑，惟誠能動，子欲養而親不待，從古皆然。故
> 曾參有三釜之悲，而文正懷一飧之恨，以賢者尚篤此事，豈方外獨
> 無是心。未能盡養於生前，必抱遺哀於身後。幸天尊垂玉匱拔亡之
> 典，使人子伸昊天罔極之情，比之廬墓以終身，執喪過禮效乎？刻
> 木以爲象，事亡知存，論孝忱則有之，皆無益於死者，豈若緣章封
> 事，陳哀悃於帝前，白簡飛符，拔死魂於地下，既鬼有所歸矣，於
> 人獨無忮乎？乃知道教之垂科，能濟禮經之不及。

認爲傳統的守喪盡哀，丁蘭的刻木爲像，雖可表達孝子哀思，欲無益於亡親
的超脫，惟有道教的薦拔，才能使其魂魄有歸，是道教不僅崇尚孝道，且其
盡孝方式亦有儒家難以企及之處。

　　觀此科儀之辭，多伸述道教的孝道之重視，闡揚薦拔盡孝之功，因屬青
詞形式，故文多四六對仗，辭亦雅正，抒思親報恩之情亦頗懇切，敘思親則
云：「念捐世之太早，莫殺身以相從，履霜露以興懷，望松楸而掩淚。歲月逝
矣，不知魂魄以何依，夢寐見之，宛若音容而相接。」言報恩則曰：「廣大精
微，君子之道可傳也，劬勞鞠育，父母之恩莫重焉。凡有血氣者，且知用其
情，豈思道德者，而可忘其本，蓋有生未伸於榮養，死尤切於追資。」

　　此一科儀文亦受到《玄天上帝說報父母恩重經》之影響頗深，如云：「是
故諶母藏教於黃堂，先明孝道，玄帝傳經於玉篋，具述報恩，豈徒養生喪死
之盡情，亦欲積行修緣而入妙。」又云：「乾元坤元，乃人元之資始，父相母
相，即我相之肇基。生生不窮，念念相續，艱難苦惱，緣茲而后有，長育顧
復，何思之能酬。至人達道，本原大意，識眞父母，滅貪嗔，除險峻，所以
報恩，空結習，割情愛，自然去累，使有相歸於無相，號眞空而實不空。」
此乃取自《玄天上帝說報父母恩重經》之經義，蓋經文有云：

> 妙緣無修，妙行無積，從修有修，修緣證妙。從積有積，積行通
> 妙。……如人父母，誕生男女，始相不見，託相爲有，有中有相，
> 相化萬狀，艱難苦惱，憂慮悲戚，悉從相起。……緣我相故，令我
> 父母，始相沉埋。父母男女，輪轉無已，是此有相，同歸苦惱。我
> 從今日，從後相中，悉滅嶮峻，持念平等，用報始相，使我始相，
> 大得快樂，……然後滅除始相，令無相著，將此無著，同滅始相。
> 我相始相，悉歸無著，相既無著，不見不有，不起不爲，無礙無

障，無閉無塞，自然去累，不墮苦海。

故儀文乃有言曰：「誓不負報恩之訓，始相我相，悉歸無著。」顯見此一儀文乃依循《玄天上帝說報父母恩重經》之報恩思想。

（二）《廣成儀制報恩鴻齋集右案》〔註57〕、《廣成儀制十種報恩全集》〔註58〕

據杜光庭《廣成集》卷四有〈皇帝修符瑞報恩齋詞〉及卷十四有〈皇帝修靈符報恩醮詞〉〔註59〕，則唐代有已有修報恩齋醮之舉，不過自其詞文內容觀之，乃在於感謝上天疪佑之恩，而《廣成儀制》中所收之幾種報恩齋儀文，則是以報答父母之恩爲主旨。

《廣成儀制報恩鴻齋集右案》（以下簡稱報恩鴻齋集）之內容約可區分爲十二個段落，開首爲宜庭芳詞口號，云：

> 初登寶座　宜演鴻儀　大乘高流　庭芳請舉

次舉左、右案滿庭芳詞，內容在於體念父母之恩及修齋緣由，其左案滿庭芳詞云：

> 慈悲立教，開導群生。報恩經旨昭□（十種報恩全集作「傳」），明百行本業。首以孝爲先，須念劬勞□重（十種報恩全集作「恩」）。
>
> 厚如地也高如天，慟□（十種報恩全集作「嚴、慈」）親。魂歸幽壤，薦啓齋緣。

右案滿庭芳詞云：

> 身體髮膚，恩隆九我，允矣如海如淵，秉誠申報本奉教演眞詮，修誦上乘法藏，十種靈文次第宣，願親仰叨接引，度品南宮仙。

接著是十殿冥王偈，分別配以十首報恩詞，不過十殿冥王偈未錄，只載有十報恩詞，皆以「苦苦第幾」開首，結尾爲「苦苦恩難報父母」，中間文辭爲七、七、五、五句式，歷敘父母十種深恩，其詞云：

> 苦苦第一，守護胎娠恩最深，兒懷十月母昏沈，起臥如山重，履行慮在心。苦苦恩難報父母。
>
> 苦苦第二，臨期生產恩難云，生死□（十種報恩全集作「關」）頭此處分，疼痛如刀割，珠淚落紛紛，苦苦恩難報父母。

〔註57〕見《藏外道書》第十四冊，巴蜀書社，1992年8月，頁229～242。
〔註58〕同註57，頁251～265。
〔註59〕同註26。

苦苦第三，生子忘憂恩至純，欣然如得寶和珍，焚香謝祖禰，祈福保兒身，苦苦恩難報父母。

苦苦第四，嚥苦吐恩最高，頻將乳哺飼兒曹，辛苦寧自受，何以報劬勞，苦苦恩難報父母。

苦苦第五，推乾就濕恩無涯，憐愛深心更蔑加，寧乾己卑污，莫使兒啼哇，苦苦恩難報父母。

苦苦第六，乳哺三年恩萬端，幾經勞粹幾辛酸，兒身方長大，母體漸衰殘，苦苦恩難報父母。

苦苦第七，洗濯提撕恩最多，浣衣不計日頻搓，穢污犯水府，罪咎積江河，苦苦恩難報父母。

苦苦第八，為兒積孽恩如何，冠婚祭禱殺牲多，□（十種報恩全集作「含」）靈結冤孽，果報應難挪，苦苦恩難報父母。

苦苦第九，遠行憶念恩在心，倚門幾度自沈吟，懸懸終日望，方寸憂維深，苦苦恩難報父母。

苦苦第十，究竟憐憫恩最長，年衰猶自念兒行，顧慮無時了，憂心永不忘，苦苦恩難報父母。

至此為一段，第二段始為題文一首，七言四句：

特啓報恩微妙法　嘯歌聯詠步虛殼
我今敷座演鴻儀　望聖慈悲垂捄受

接著是宣詞口號：

古往今來歷有仙　均將孝義啓宗傳
報恩十種垂科典　是夜披揚第一篇

接著宣「懷胎守護儀文」：

聞之，天地氤氳，五行孕秀，陰陽運化，萬物生成，惟人之受生也，稟父精母血乃成其形，父者子之天，莫大配天之德，身者母之體，莫大配地之厚，夫自受胎之始，至於臨產之期，懷耽十月，憂苦百端，母須時時保護，父則日日死惶，必待其生也而後釋然，為人子者，受命於天地，受身於父母，念及此而可不盡孝乎，孟子曰：事孰為大，事親為大，守孰為大，守身為大，孔子告樊遲曰：生事之

以禮，死葬之以禮，祭之以禮，是孝者爲仁之本，天經地義之原也，
今孝○奉爲，故○魂下，崇修大齋，特申薦拔，從我相中，運至誠
心，持平等念，用報深恩，哀祈慈化伏丐。三寶元尊。十方眞宰，
同鑒善功，廣開玄度，庶使恩周幽顯，福被人天，教中有偈，謹爲
稱揚。

其文言人子受命於天地，受身於父母，雙親在懷胎期間飽受憂懼，待生而後安，故人子應知孝順。又舉孔孟之言以證孝爲仁本，故修齋以申薦拔，以報深恩。儀文之後爲皈禮天尊，並獻香供養，接著持誦「大梵靈章」二首，第一首爲每句七字，共四句。第二首則五字一句，共八句。其云：

> 懷胎守護恩難報　　今建鴻齋舉勝因
> 大梵神章與誦持　　雙親證果丹天去
>
> 累劫因緣重　　今來托母胎
> 有形全四體　　成象配三才
> 舉動難移步　　憂惶恐涉災
> 羅衣都不掛　　粧鏡惹塵埃

第一首表達薦親報恩的心願，第二首則描述懷胎之情景。接著是二首讚詠詞，亦以宣說十月懷胎之勞苦，喻人莫忘娘恩：

> 十種報恩，眞經分次序，玄元梵章，金口親宣語，保護含憂，未知
> 兒何女，休忘了小時娘抬舉。
>
> 懷胎十月，體重如山嶼，兒在腹中，食母血如許，須念此身，口（十
> 種報恩全集作「雙」）老所遺與，休忘了小時娘抬舉。

最後云「太上說眞一崇孝十種報恩經」，至此第二段結束。

第三段至第十一段結構與第二段同，而其內容之主題依次爲「臨產苦難」、「生子忘憂」、「嚥苦吐甘」、「推乾就濕」、「乳哺養育」、「洗濯提撕」、「爲子積孽」「遠行憶念」及「究竟憐憫」之深恩，所供養之物分別爲花、水、果、茶、衣、燈、食、寶及旛。

第十二段是發願，願亡者登眞證品，接著是行三獻禮，然後是升度，即向亡靈傳授生天寶誥，引其超升天堂，最末有「寒庭多悲苦」一句偈語作結。

《廣成儀制十種報恩全集》（以下簡稱十種報恩全集）首題「雲峰羽客陳仲遠校輯」，尾題「宣統二年庚戌歲重刊　成都二仙菴藏板」。其結構及文辭

與《報恩鴻齋集》大體一致，可知《十種報恩全集》即《報恩鴻齋集》。唯《報恩鴻齋集》無十殿冥王偈，而《十種報恩全集》則錄有十殿偈語及念白一句，分別對十殿冥王之稱號、職司及神力加以讚誦，如一殿偈云：

> 一殿冥王秦廣君，浮黎受命統幽群，風雷嚴考報，善惡判分明，罪狀難經目，悲聲豈忍聞。（念）飛布慈雲。（右舉一報恩）

又三殿偈云：

> 三殿冥王帝尊，金剛地獄政非輕，鐵床紅似火，劍樹高如陵，報對歸無，見聞甚可兢。（念）願際超昇。（右舉三報恩）

此外《十種報恩全集》於每段並無「太上說真一崇孝十種報恩經」之句，而卷末之偈語，《報恩鴻齋集》只有「寒庭多悲苦」一句，《十種報恩全集》則錄有一首，實為道樂《酆都咒》的一段唱詞：［註60］

> 寒庭多悲苦　回首禮元皇　女青靈寶符　中山青帝書
> 一念昇太清　默念觀太無　功德九幽下　旋旋生紫虛

最後並有「回壇、謝聖、回向畢」等程序。蓋《報恩鴻齋集》為抄本，故多所缺漏或省略，字跡亦有部分模糊之處，而《十種報恩全集》則為刻本，故內容較完整而字體清晰。

　　觀此科儀之內容，乃反覆宣說父母十種恩德，其源頭蓋來自於佛道二教之父母恩重經，然目前所見較早明確標舉十恩德者，殆屬敦煌所藏之佛教《十恩德讚》及《父母恩重讚》等作品，而道教這一科儀所敘十種恩德，雖字句及次序有所不同，但就其目而言，實際上與其無異，顯見是受到佛教之影響。由於佛教讚詠父母十恩德之文辭廣為流行，故而道教乃將其吸收，納入自己的作品之中，雖然有部分抄襲之處，不過它還是在此一基礎上，創造了不同形式的作品，使得宣揚父母十恩德的系列文學，呈現了多樣的面貌。如本科儀文中就包含了十報恩詞、十恩德儀文、及二十首十恩德之讚詠詞等，在體裁的變化上，呈現多重的的面貌，文辭上或通俗自然，或典雅莊嚴，充滿了變化，不致流於呆板枯燥。如讚詠詞是以四、五、四、五、三、五的規則句式，隔句押韻，加上固定結語，歌頌父母養育子女之劬勞，如其詠「嚥苦吐甘恩」云：

> 篤愛兒身，護惜如珍寶，嚥苦吐甘，餵之從美好，子生三年，然後

［註60］參見曹本治、蒲亨強《武當山道教音樂研究》，台灣商務印書館，1993年12月，頁127～128。

> 免抱懷，休忘了，娘將赤子保。

> 兒身漸長，父母年將老，耗散精神，不覺形容稿，體念劬勞，須當行孝道，休忘了，娘將赤子保。

又詠「推乾就濕恩」云：

> 推乾就濕，每每移床被，抱在懷中，欸欸將兒睡，不敢高聲，恐驚兒寢寐，休忘了，小時娘勞瘁。

> 遺溲濕衣，父母全無恚，左右移眠，愛憐常不匱，兒至成人，此心方可遂，休忘了，小時娘勞瘁。

刻劃父母呵護稚子之無微不至，但期兒女好，不圖己身安，結尾則提醒世人對小時娘親的勞苦當永遠銘記在心。

至於儀文之部分，或先引道教經文，或直接針對父母某一種恩德宣說論述，再引儒家之言孝，以明盡孝報恩之重要，最後之結語則爲固定之文辭，乃表述修齋薦拔之誠心，及伏請天尊廣開玄度之心願。如〈產難儀文〉云：

> 天尊言：爲人受於胞胎之中，三元聚精，九炁結形，十月就滿，離母脫胎，九天稱慶，太乙執符，帝君降敕，五帝監生，司命司錄注籍布神，衛房聖母，默與抱送，地祇恃門，男則萬神唱恭，女則萬神唱順，驚天駭地，貴亦難勝。當此之時，母之存亡不測，父之憂恐弭深，迨及平安而後，謂福神之所佑，祖宗之有靈，始欣欣然有喜色，而釋無限之憂矣，爲人子者，念及於此，而可不竭力於孝道乎？孟子曰：養生者，不足以當大事，惟送死可以當大事，然則人子之於親殁也，其哀其戚，爲何如哉。今孝○奉爲，故○魂下，崇修大齋，特申薦拔，從我相中，運至誠心，持平等念，用報深恩，哀祈慈化。伏丐三寶元尊，十方眞宰，同鑒善功，廣開玄度，庶使恩周幽顯，福被人天。教中有偈，謹爲稱揚。

開首引《九天生神章》之經文，敘人子受胎誕生之情形，又引孟子之言，以證修齋薦拔是盡孝的重要方式。又〈就濕儀文〉云：

> 夫人之受生於父母也，自乎襁褓，則知識未開，迨及髫齔，而性機未發，飢惟察其呱啼，寢何知於顚倒，遺溲床中，移子於乾，而母身居濕，經風戶內，護兒以煖，而親體受寒。見其行也，防其失足，見其喜也，爲之啓顏。愛之而忘其穢，惜焉而忘其勞，是父母之恩，良高且厚，擢髮難窮者也。故百行以孝爲先，四德以孝爲

本，聖王以孝教天下，立訓首端，君子以孝事其親，脩身務本。及
乎親之喪也，則音容杳逝，甘旨無從，爲人子者，舍夫祭荐，無以
用其力矣。今孝○奉爲，故○魂下，崇脩大齋，特申薦拔，從我相
中，運至誠心，持平等念，用報深恩，哀祈慈化，伏丐，三寶天
尊，十方眞宰，同鑒善功，廣開玄度，庶使恩周幽顯，福被人夫，
教中有偈，謹爲稱揚。

其言父母心思隨時繫於兒身，遑及其他的情景，可謂刻劃入微，而辭亦雅
正，最後仍不忘重申「舍夫祭荐，無以用其力」，強調薦拔的重要性。

（三）《廣成儀制報恩齋左案全集》[註61]（以下簡稱報恩齋左案全集）

約分爲十一個段落，首段爲運樂迎靈祝香、宣庭芳詞口號、庭芳詞一首、
報恩偈四首。第二段落首標「所謂道」題文一首，七字一句，共四句，闡揚
道教出家修道爲報恩方式之理念，接著宣報恩誥、念誦靈章（有目無文）、滿
庭芳詞一首、舉天尊。三至十段結構與第二段同。最後爲宣詞口號、偈頌五
首、信禮天尊、懺悔、發願、回向、稱念天尊、迎靈安位。

與《十種報恩全集》比較，《報恩齋左案全集》無靈章、十殿偈及十報
恩詞，首段之庭芳詞及二至十段之讚詠詞均只一首，報恩誥實即《十種報
恩全集》之儀文，多了題文十首、步虛讚詞四首、懺悔文、發願文及回向
文。二者之結構大致一樣，《報恩齋左案全集》應是自《十種報恩全集》分割
而出。

其所多出之四首偈語，乃敘報恩方式乃贊頌王祥臥冰及丁蘭刻木之事，
每首並有念白一句：

居則致其敬，養則致其樂，想念父母恩，重如須彌山。念報恩無盡
報深恩王祥，爲母臥寒冰，雙鯉來奉獻，母吃得安瘥。念王祥報恩
報深恩丁蘭，刻木作慈親，每日勤供俸，供俸親若生。念丁蘭報恩
上報四重恩，下濟三途苦，種種結良緣，恩難報父母。念報恩無盡

標題「所謂道」之題文十首，屬偈頌一類之作品，多闡揚道教出家修道之理
念，講求閑適自在，擺脫塵世羈絆的追求，認爲此爲報恩之方法。如第二首
云：

跳出紅塵隱尋山　如愚終日默無言

〔註61〕同註57，頁266～276。

> 回光逼移功夫切　要語無上二報恩

又第五首云：

> 妙道圓明大天尊　玄光虛映境無根
>
> 宗師面目照然在　不假他求五報恩

充滿宗教空靈之氛圍，呈現了悟之心境。第六首則是講述修道之方法，叫人剪除毒根，涵養靈胎，才能像青山白雲一般逍遙自在。其云：

> 涵養靈胎美玉溫　攸然毒種剪除根
>
> 青山依然雲舒捲　自在無倚六報恩

文辭清新雅潔，頗有田園詩歌之意韻。

　　十篇報恩誥與《十種報恩全集》之儀文的體裁結構相同，在於論述父母深恩，並引道經或孔孟之言加強論證，以明孝之可貴。文末是固定辭句，伸誠表願，以達報恩之旨。如第五篇云：

> 天尊言：一切眾生，稟受髮膚，皆因父母，且靡父不生，靡母不養，天地覆育，寄胎母生，二炁相凝，懷胎十月，如負重擔，及至產時，命如風燭，四肢百骸，痛如刀刺，五臟六腑，熱如火炙，聲號虎叫，受大苦惱，其中非一，因以喪身。及至生己，母乃喜不自勝，乳哺饑時須飯，非母不哺，渴時須飲，非母不乳，計飲母乳八斛四升。千日提攜，洗浣穢濁，推乾就濕，無量無邊。今孝○洪惟母逝，永隔幽陰，念千生無復於慈顏，萬死難酬於厚德，爰稽秘範，仰報二親，誓從今日，從我相中，悉滅貪嗔，持念平等，用報始相，大得快樂。伏願天地水府，三界萬靈，俯賜證明，錄其善功，庶使存亡，均蒙利益，教中有偈，敘報父母推乾就濕莫大之恩也。

所引經文乃《太上老君說報父母恩重經》，而文末之「誓從今日，從我相中，悉滅貪嗔，悉破嶮峻，持念平等，用報始相，大得快樂。」則出自《玄天上帝說報父母恩重經》。又第八篇云：

> 天尊言：人生無資始，實從於父德，我相既有資生，咸賴於母恩，既具體以成形，當報本而反始。仰惟持怙，曲盡劬勞，懷脈既謹於護持，臨產備受於痛楚。暫忘憂於就誕，還嚥甘而吐苦，寧辭就濕就以推乾，抑勤乳哺而養育，洗浣穢濁，慈恩何達，諒以粉骨碎身，而未酬毫髮，雖曰養志竭力，而難報捐埃。特啟齋筵，仰達殊

脫，誓從今日，從我相中，悉滅貪嗔，悉除嶮峻，持念平等，用報
始相，大得快樂。伏願天地水府，三界萬靈，咸賜證盟，矜允哀
恆，庶使幽冥開泰，存歿沾恩。教中有偈，敘報父母洗濯不淨莫大
之恩也。

其言父母恩德深刻懇切，內容實亦不脫《太上老君說報父母恩重經》之內涵，
而文藻典雅精煉，對仗工整，與青詞之駢麗文風相近。

　　至於五首讚頌詞，在前先有宣詞口號云：

上憑道力　用達慈仁　齊舉步虛　同讚報恩

詞則七字一句，共四句，每首末了均加有一句四字唸白，其體裁格式實與十
殿冥王偈相同，乃讚頌父母之五種恩德，其詞云：

懷躭守護恩重難，懷子之時重如山，
飲食無味行步喘，遍體酸軟似病間。恩難報母。

生子忘憂昊極天，是男是女母心寬，
只願孩兒早長大，無病免得母熬煎。恩難報母。

推乾就濕恩重經，兒睡乾處母濕邊，
若還兩邊都濕了，把兒抱在母胸前。恩難報母。

洗濯不淨多不樂，不淨衣衫河水泡，
污穢水府並龍宮，代累我娘地獄漂。恩難報母。

遠行憶念父母憂，兒去他鄉晝夜愁，
每日聖前求懇告，願兒無事早迴頭。恩難報母。

依次分別頌揚懷躭守護、生子忘憂、推乾就濕、洗濯不淨及遠行憶念五種劬
勞深恩，文辭較爲通俗而口語化，乃因應歌唱之順暢。

（四）《廣成儀制報恩齋右案全集》[註62]（以下簡稱報恩齋右案全集）

　　卷首題「雲峰羽客陳仲遠校輯」，卷尾題「宣統三年歲次辛亥孟夏月成都
二仙庵藏板」。結構體制與《報恩齋左案全集》猶稱一致，而文辭詳略不同，
其與《報恩齋左案全集》相異之處爲無儀文及報恩誥，有大梵靈章及滿庭芳
詞，而每段之讚詠詞均舉《十種報恩全集》之第二首。

　　與左案同樣有四首報恩偈及五首讚頌詞，而內容不相同。左案之報恩偈

〔註62〕同註57，頁277～285。

詠王祥及丁蘭，右案則讚孟宗泣竹及董永賣身之事：

> 病則致其憂，喪則致其哀，想念父母恩，深如滄海底。念報恩無盡
> 報深恩孟宗，泣竹冬生□，竹生一雙□，母吃得安寧。念孟宗報恩
> 報深恩董永，葬親賣自身，仙姬來配合，孝感動天心。念董永報恩
> 上報四重恩，下濟三途苦，種種結良緣，恩難報父母。念報恩無盡

五首讚頌詞爲：

> 臨期生產恩重難，生產之時刀割肝，
> 紅蓮遍地昏迷地，性命只在一時間。恩難報母
>
> 嚥苦吐甘恩重難，牙齒嚼飯與兒□，
> 口中不喫吐兒喫，願兒長大出塵寰。恩難報母
>
> 乳哺養育恩非心，一日三□要兒飽，
> 兩手開懷恁兒吐，願兒長大奉娘老。恩難報母
>
> 爲造惡業不可當，婚姻嫁娶殺豬羊，
> 爲兒造下無邊罪，代累我娘下鑊湯。恩難報母
>
> 究竟憐憫多辛苦，成雙成隊兩結果，
> 忽然一日無常到，那個兒女替得母。恩難報母

分別歌頌臨期生產、嚥苦吐甘、乳哺養育、爲造惡業及究竟憐憫五種恩德。
至於其「大梵靈章」與《十種報恩全集》之文字略有差異，而實抄襲自佛教
之《佛說父母恩重難報經》或《佛說大報父母恩重經》之頌〔註63〕，今列表
以明之：

佛說父母恩重難報經 （佛說大報父母恩重經）	報恩齋右案全集	十種報恩全集
累劫因緣重 今來記母胎 月逾生五臟 七七六精開 體重如山岳 動止劫風災 羅衣都不挂 裝鏡惹塵埃	累劫因緣重 今來脫母胎 月餘生五臟 七七六情開 體重如山海 動心怯風災 羅衣都不挂 粧聲惹塵埃	累劫因緣重 今來托母胎 有形全四體 成象配三才 舉動難移步 鏡染塵埃

〔註63〕《佛說大報父母恩重經》爲《佛說父母恩重難報經》流行於韓國之異本，本
文所錄頌詞及中之異文乃引自鄭師阿財《郭煌孝道文研究》，台北：石門圖書
公司，1982 年 8 月，頁 689～702。

懷經十箇月	懷胎十個月	懷胎經十月
難產（產難）將欲臨	產難欲臨時	當產難期臨
朝朝如重病	朝朝如重病	惶怖惟娠腹
日日似昏沉	日日似昏沉	憂愁抱素心
難將惶怖述（惶怖難成記）	惶怖難成計	朝朝如疾病
愁淚滿胸襟	愁淚滿胸襟	日月更昏沈
含悲告親族	有口難伸訴	有口難申訴
惟懼死來侵	惟恐苦來侵	生時恐禍侵
慈母生兒（君）	慈母生兒日	慈親生子日
五藏總開張	五藏總開張	五臟悉開張
身心俱悶絕	身心俱悶絕	苦楚形難忍
血流似屠羊	流血似豬羊	吉凶事莫量
生已聞兒健	生子聞見喜	臨盆幾碎膽
歡喜倍加常	歡心蓋倍常	橫產恐斷腸
喜定悲還至	喜怒隨時至	幸遂平安既
痛苦徹心腸	痛苦徹心腸	椿萱憂俱忘
父母恩深重	父母恩深重	父母恩深重
顧（恩）憐沒失時	愛怜無失時	愛憐無已時
吐甘無稍（所）息	吐甘無所息	吐甘度汝口
嚥甘不顰眉	嚥甘不皺眉	嚥苦皺娘眉
愛重情難忍	愛重情難捨	顧復經心念
恩深復倍悲	恩深復倍增	提攜逐步隨
但令孩兒飽	但願兒子抱	回思高堂上
慈母不辭（詞）饑（飢）	慈母不順肥	惟悴究因誰
母願（自）身投（俱）濕	母體常居濕	母體常居濕
將兒移（以）就乾	將兒移就乾	將兒移就乾
兩乳充饑（飢）渴	兩乳充饑渴	愛憐常廢寢
羅袖掩風寒	羅衣掩風寒	抱弄冀同歡
恩憐恆廢枕（寢）	恩憐常廢寢	乳汁充其哺
寵弄纔能歡	抱弄振能歡	羅衣禦彼寒
但令孩兒（子）穩	但令兒子穩	但期兒女好
慈母不求安	慈母不求安	此念豈圖安
慈母像（象）大（於）地	慈母配爲地	慈母恩同地
嚴父配於天	嚴父象爲天	嚴親德配天
覆載恩同（將）等	覆載恩深重	劬勞誠罔極
父娘恩（意）亦然	父母亦如然	覆載信如然
不憎無怒（眼）目	不會無眼目	薦拔崇齋福
不嫌手足攣	不思恩愛重	升勝慶善緣
誕腹親生子	誰將劬勞報	子心徒愛日
終日惜兼憐	罔負生長成	孝念慕惟堅
本是芙蓉質（憶者美容質）	欲惜美蓉質	憶惜兒當幼
精神健且豐（姿媚甚豐濃）	資嬪甚豐妍	撫提恃母身
眉分新（翠）柳色	眉分翠柳色	洗漿奚憚苦
臉色（兩臉）奪蓮紅	兩臉奪紅蓮	顧腹不辭頻
恩深摧貌	恩深怜兒貌	濯垢時臨水

洗濯（濁）捐盤龍 只爲憐男女 慈母改顏容	洗濯礙河源 只爲兒女 慈母改容顏	烘裳每積薪 河源遣罪咎 爲子起怨因
父母恩情（江山）重 恩深報實難 子苦願代夷 兒勞母不安 聞道遠行去 長使母心酸 兒女暫時苦 長使母辛酸	父母如天地 深恩報實難 殺生緣晏會 濯垢穢波瀾 每憶日遊遠 時憂夜臥寒 追思罔極處 淚雨應潸潸	父母如天地 深恩報實難 殺生緣晏會 濯垢穢波瀾 每憶日遊遠 時憂夜臥寒 追思罔極處 淚雨應潸潸
死別誠難忘 生離實亦傷（悲） 子出關山外 母憶在他鄉 日夜心相隨 流淚數千行 如猿泣愛子 寸寸（憶念）斷肝腸	死列應難忍 生離實可傷 子出關出外 母意在他鄉 日夜心不遂 流淚數千行 如猿啼愛子 寸寸斷肝腸	聚守堪爲喜 別離實可傷 兒行三重路 母轉九迴腸 近出宜歸早 遠遊必有方 懸懸盼望處 人子應思量
父母恩深重 恩憐無歇（尖）時 起坐（座）心相遂 近遙（遠近）憶與（相）隨 母年一百歲 常憂八十兒 欲知恩愛斷 命盡始分離	父母恩深重 恩憐無歇時 起坐心先囑 遠行憶相催 母年一百歲 常憂八十兒 欲知恩愛斷 命盡始分離	父母恩深重 憐憫無已時 歷年一百歲 猶念八旬兒 老矣心常顧 愛焉志不移 欲知何日了 命盡兩分離

《報恩齋右案》幾乎是照抄佛教經典，而《十種報恩全集》則在文辭上有所變更改造，形式則一仍襲之。

道教中主持齋醮儀式進行者，通常主要有高功、都講及副講，高功爲醮壇諸經師的首領，是主其事者，而都講及副講則爲其副手，於儀式進行時分立左右，每人皆有其科儀之文本置於案上，就前面四種報恩齋之科儀文內容判斷，《報恩鴻齋集》即《十種報恩全集》，一爲刻本一爲抄本，而《報恩齋左案全集》及《報恩齋右案全集》乃自其分割而出，其差異一方面可能是儀式規模大小不同，另一方面則是因應其職司之不同，內容亦詳略有異。例如滿庭芳詞，在《十種報恩全集》錄有二首，並有小字標明「左案滿庭芳」及「右案滿庭芳」，而《報恩齋左案全集》則只錄第一首，《報恩齋右案全集》錄第二首。右案專誦靈章，故載有其詞，左案則只標其目曰「右入靈章」而已。

（五）《廣成儀制血湖大齋科品全集》〔註64〕

道教認爲婦女因生產而死，魂入陰府血湖地獄。凡建齋開度產魂，當行血湖醮事道場，道士念咒作法，破開血湖，超度死者亡魂。《正統道藏》洞眞部有《元始天尊濟度血湖眞經》，《靈寶領教濟度金書》卷一有《血湖道場陳設圖》、《血湖燈圖》，卷二有血湖道場節目等科儀。

本科儀之程序爲宣詞口號、滿庭芳詞、誦經（共六篇）、行符、誦經、懺悔、發願、回向、稱念天尊及迎靈安位。

此一科儀以經文爲主，其內容包括說明血湖獄所在，入血湖獄的原因，出血湖獄的方法，並舉三個地獄救母及二個修齋靈驗的故事以做例子。其敘血湖獄狀況云：

> 時有妙行眞人，出班長跪，告天尊曰：臣今下觀慾界，酆都羅山之下，諸獄異名，九幽之獄，次有二十四獄，三十六獄，一百八獄，阿鼻地獄，岱獄鋒刃，十八地獄，大小鐵圍無間地獄，五湖四海九江泉曲地獄，孟津黃波流沙地獄，應化牢獄，八萬四千幽獄，凡遇上帝赦恩，皆准仁慈，普沾大澤。殊不知有血湖地獄，在鐵圍山之南，別有大獄，名曰無間之獄，獄中有獄，號曰硤石之獄，獄之東北之獄，號曰血湖之獄，長一萬二千里，周圍八萬四千里。下有一門，名曰伏波門，乃血湖大神主之。東岸名號血殢獄，南岸名號血冷獄，西岸名號血污獄，北岸名號血資獄，在中名號血湖獄，每日裡血水三潮，寒冷潑體。……有食胎黃球之鬼，青姑黑齒之神，並六丁六甲，天狼天狗天蛇等眾，檢點人間善惡，罪輕者子死母存，罪眾者母子俱亡，將血穢之魂，拘滯地府，抛入伏波門，打下血湖獄，晝夜受苦，無有休歇。

所引乃《太一救苦天尊說拔度血湖寶懺》之文，另一篇經文則又曰：

> 大鐵圍山之南面，居東南角，別有一獄號曰無間硤石，其獄在鐵圍山一大石硤中開一穴，有自然血汙銅汁，灌煮罪人身心，名曰血湖獄，四方有子獄四座其名曰血池、血盆、血山、血海，四獄相通，號曰無間硤石溟冷血湖地獄。

所以被打入血湖的原因則並不限於產難而亡，或有「不得之婦，每遇經水過時，將穢污衣服，或在溪澗池沼，或在河泊井神，洗濯血水，」以致「污觸

〔註64〕同註57，頁718〜736。

水府龍神」。或者「世間男子女人，夙世今生，冤對受報，茲生厄難，血死絕命之魂，或鎗傷箭射，刀刃分身，崖推血淋而死，身崩鼻竇而亡，或吐血疫痢，或癰疽肚鼉，種種血疾之厄，皆在血湖受罪。」甚至於「翁姑面前，欺罵丈夫，拋撒五穀。」也是要到血湖受罪。

至於解脫之法，自然是須訴諸於道教的血湖齋醮，其云：

> 或有兒女，仁慈丈夫，抑或亡歿之後，延請清眞羽人，於家設立齋
> 壇，迎迓天眞地聖，奏青詞於紫府，頒旨命於金闕，諷誦血湖尊
> 經，拜禮血湖法懺，或三卷五卷，乃至百卷，宣化太上眞符金籙度
> 命盧皇玉簡各道，告下血湖諸獄，咸使聞知，抽拔亡魂，送入善地
> 生方。

科儀中並宣講三個地獄救母的故事，應是受到佛教目蓮救母故事的影響，也是本科儀具孝道文學價值之部分，今分別論述如下：

1. 寶相救母

故事大要：

王秀貞吃仙桃而有孕，遭父母打罵而逃入山洞，後因產子而亡，其子由樵夫撿回撫養，至五歲時外出迷路，遇伯陽道人，教其道術十二年，更名寶相，賜其金鈴及《往生神咒》。寶相思母，其師告知其母在血湖受苦，寶相乃持金鈴，唸往生神咒，乃得入血湖獄，欲救其母。獄主告知須去大羅天請出《玉籙血湖經懺》，並法科符命簡文，修齋九日九夜，方能赦盡其罪。寶相依言而行，遂得母子相聚。玉帝見其行孝，乃封王秀貞爲血湖聖母，寶相爲血湖教主，而其科簡金籙則因此流傳於世。

藉由寶相救母的故事，說明道教血湖齋醮的來源，也創造了血湖教主的孝道神明。《太上靈寶遷棺燃燈救苦朝二集》亦藉由寶相遊各處地獄尋母，揭露各地獄的慘狀，以爲勸世爲善，如云：

> 眞人到此，有何貴幹。獄主在上，聽我道來：寶相爲娘親，徑到玉
> 京投拜師父元始尊，我爲阿娘韋氏女，頒請詔命，奉旨見冥君。請
> 問原因，只見風雷獄人，生前所造何罪業，受此苦刑？獄主答眞人：
> 此獄罪人，生前不孝父母，風雷吹霹電火燒，粉骨碎身。寶相還陽
> 勸人，孝敬父母雙親，死後不落風雷獄，免受此刑。〔註65〕

卷末並有頌一首以讚寶相救母之事云：

〔註65〕同註57，第十五冊，頁240～245。

> 寶相眞人孝心堅，陰司救母得生天，
>
> 地獄罪人俱解脫，千辛萬苦把名傳。

《清微儀制血湖正朝集》亦提及寶相眞人，其云：

> 血湖教主，寶相眞人，救苦應化顯金身，煉度甘露門，接引亡魂，
>
> 永出愛河津。〔註66〕

顯然道教仿照佛教目蓮造盂蘭盆救母出離地獄之故事，而創造了血湖教主寶相眞人之形象，欲與其抗衡。

2. 華光救母

故事大要：

玉蘭小姐於花園遊玩時，有日華墮地，光遶其身，因此懷孕，卻遭父母拷打。待月滿胎足，於溪邊洗衣時，產下一肉蛋，玉蘭失足落水而亡，肉蛋被白鶴叼至太伯山靈巖洞，有長樂道人用劍破蛋，取出一嬰。長樂道人將其命名華光，教習武藝，長成下山，見人守喪，華光思及生母，乃返回山洞詢問其師，師告知其母地府受罪，華光乃下地府尋母，自一殿遊至六殿，獄神言其母罪未滿，不得發放，華光大怒，以火眼金磚打碎鐵圍城，走失八百孤魂。玉帝將其貶陰山受罪，經長樂道人求情，乃將華光打下凡塵，轉劫黃巢，收取八百萬孤魂，後功德圓滿，玉帝敕封華光爲五顯華光大帝，封玉蘭爲金火聖母。

華光本爲佛教神明，乃佛陀十大弟子之一的舍利弗，據《法華經‧譬喻品》所載，舍利弗號「華光如來」，然生平事蹟本與「五顯靈官大帝」無涉，後世乃將其混合爲一，如宋‧魯應龍《閑窗括異志》即云：「五顯靈官大帝，佛書所謂華光如來。」又《古今圖書集‧神異典》卷五十四引《寧化縣志》云：「五通廟，……一曰五顯靈官廟，……俗說，神以救母罪愆，與目蓮尊者同一大孝，登正悲，號華光藏主妙吉祥如來。」明‧余象斗《南遊記》全名亦作《五顯靈官大帝華光天王傳》，明‧吳承恩《西遊記》第九十六回亦云：「華光菩薩是火焰五光佛的徒弟，因勦除毒火鬼王，降了職，化做五顯靈官。」黃兆漢認爲「華光往往被認爲是五顯靈官（包括五通神），炳靈公或王靈官，或與他們有關，我相信與他們的特殊外貌及其火之屬性有莫大關係，說得確切一點，與他們特有的三隻眼睛及其爲火神的關係極大。」〔註67〕另

〔註66〕同註57，頁743。

〔註67〕見黃兆漢《道教與文學》，台灣學生書局，1994年2月，頁174。

一方面也可能是道教欲吸收華光為道教神明，故明，余象斗《北遊記》中遂有玉帝敕封華光為五顯靈官，並派屬為玄天上帝部下之說。此一意圖在本科儀的故事更為明顯，與《南遊記》相較，其佛教色彩已被全部抹除，如《南遊記》云華光之師為火炎王光佛，其母乃吃人之吉芝陀聖母所化（吉芝陀聖母即佛教之鬼子母），遭龍王所化之和尚打入酆都，此處則將其師換作長樂道人，其母亦為一般女子，乃落水而亡，與和尚無涉。

另外華光故事中雖有三下酆都救出其母之事，卻無轉劫黃巢，收取八百萬孤魂之事，此一情節卻見於上海翼化堂刊本《目蓮三世寶卷》及坊間本《三世因果目蓮救母》等寶卷，據鄭振鐸《佛曲敘錄》中言及《目蓮三世寶卷》內容云：

> 於是目蓮手執禪杖，用力向獄門一戮。不料獄門大開，裡邊眾孤魂都逃了出去。目蓮母子方才相見，卻被十獄閻王到地藏王菩薩處。菩薩叫目蓮先把放出去之八百萬孤魂收回來再說。於是他出生在人世，成為黃巢，在唐末起兵擾亂天下，殺死了八百餘萬人，即把他所放走之孤魂都收了回來。

由於可見本科儀中之故事，乃採擷華光及目蓮之傳說故事而成，並刻意抹去佛教之色彩，使其完全呈現出道教仙話之面貌。

3. 馬勝救母

故事大要：

中瑤星欲下凡托生，見馬仲康乃好善之家，於是化作紅橘，現於其家魚池之中，仲康女金蓮見而吞之，遂有孕，因遭父母打罵。十月滿足，產下一子，棄於樹下，有清風道人將之引入長壽仙山，取名馬勝。金蓮至十七歲受寒而亡，因生前曾焚度人經，灰入糞池，故入無間地獄受罪。馬勝學道成真而下山，見一老翁悲子之死，遂思及生身父母，乃返山問其師，師告知其母於地獄受苦，馬勝乃「足踏風火流輪車，左手執定三眼金鐏，右手提出白蛇長鎗」，下地府救母，地府王官不願放人，馬勝乃打爛鬼門關，救出其母。玉帝乃遣神王將其母子打入陰山受罪，幸清風道人說情，玉帝見馬勝行孝，遂免其罪，並封馬勝為丹天風火院，其母為風火聖母。

馬勝即靈官馬元帥，亦即華光天王，余象斗《北遊記》第十五回云：「華光曰：『某乃在此名勝，好酒貪花，號作花酒馬靈官是。』」又云：「祖師趕去，華光一見，丟起三角金磚。祖師用旗一卷，將金磚收了。華光心焦，又將風

火二輪丟去。」所言華光所持寶物，亦與馬勝相同。而《三寶太監西洋記》
亦敘馬元帥曰：「一稱元帥二華光，眉生三眼照天堂。」《三教源流搜神大全》
卷五〈靈官馬元帥〉云：

> 詳老帥之始終，凡三顯聖焉。原是至妙吉祥化身，如來以其滅焦火
> 鬼壇有傷於慈也，而降之凡，遂以五團火光投胎于馬氏金母。……
> 繼以盜紫微大帝金鎗，……而受業於太惠盡慈妙樂天尊，……乃授
> 以金磚三角，變化無邊。遂奉玉帝敕以服風火之神，而風輪火輪之
> 使。……又以母故而入地獄，走海藏，步靈臺，過酆都，入鬼洞，
> 戰哪吒，竊仙桃，敵齋天大聖，釋佛為之解和，至孝也。

其所言不僅皆與《南遊記》之華光故事相近，實亦此科儀中馬勝救母故事之
所本。

　　總觀以上三個地獄救母的故事，乃取自目蓮及華光傳說之部分情節改造
而成，並刻意渲染道教色彩，截斷其與佛教之關連。其故事之結構，實際上
是採取同樣的模式，今作表以明之：

	寶相救母	華光救母	馬勝救母
未婚懷孕	吃桃	日華墜身	吞橘
遺孤	母產子而亡	母落水而死	母遇寒而亡
道人撫養	伯陽道人	長樂道人	清風道人
授以寶物	金鈴	火眼金磚	風火流輪車 三眼金鎛 白蛇長鎗
下山思親	見塵世孝子賢孫	見人子披麻帶孝	見老翁哭子
地獄救母	修血湖齋	破鐵圍城	打爛鬼門關
母子受封	血湖教主 血湖聖母	五顯華光大帝 金火聖母	丹天風火院 風火聖母

第五節　講唱本

　　講唱源於佛教俗講之變文，其特點是有說有唱，韻白結合，語言通俗，
接近口語，宣說佛教故事、歷史故事或民間傳說，韻句多用七言詩，間雜有
三言、五言、六言句式。道教承其餘緒，於齋醮法會亦有講唱之活動，或配
合肢體動作，形成簡單之儀式劇，其宣唱演出的時間通常在下半夜，據李豐

枾〈台灣儀式戲劇中的諧噱性〉所錄之台灣靈寶派道士之午夜式科儀表，可見其在科儀中之程序：

起鼓 請神（啓白） 度人經上品、放赦、打城、三元寶懺三卷

召魂沐浴 參朝給牒 解結 塡庫 煉度 目蓮救母（即功德戲）

過橋 火化紮作 謝壇〔註68〕

福建泉州市晉江、石獅鄰近鄉村之道士齋儀，則於下夜時有講十月懷胎，講二十四孝的民間說唱〔註69〕，而在台灣道教文獻都保有這方面的講唱本。法國施博爾藏台灣道教文獻中，有一部分乃道教於建齋醮過程中，於深夜演出煉度戲之唱本，據其〈台灣所見道教經、科等舊抄本目錄〉中「壬、幽法煉度戲」等所載，計有：《雜念簡記》、《目蓮救母》、《關隘轉狀雙桃全章》、《二十四孝講大孝》、《論三綱五常》、《未知十代英雄可再樣》、《三綱五常可再樣》、《入五營》、《犒賞科》、《懷胎歌》、《二十四孝記》、《教簡》、《懷胎歌》、《義引》、《高功煉度用白文》、《雷有聲》。〔註70〕

筆者除了《二十四孝講大孝》、《目蓮救母》、《論三綱五常》、《懷胎歌》及《雷有聲》外，餘均未得見，而所見幾種中，《目蓮救母》乃藉由目蓮下地獄救母之因緣，遇一女魂要求度脫，經由二者之對答，極盡插科打諢，談諧逗趣之能事，於宣揚孝道著墨無多，與佛教目蓮救之故事內容實無多大關涉。其餘大抵皆與宣揚孝道有關，茲分別論述如下：

（一）《雷有聲》（編號 AS.MT I-1-214）

以對白形式，雜以韻文，述雷有聲之父爲官貪污，死後打入地獄，龍女託夢有聲，須將其父骨骸挑往西方，始可超生。有聲依言而行，途遇傅羅卜欲往西方度母，二人乃結爲兄弟，相偕往西天超度其父母，如云：

（內白）伊叫你力許一個正是孝子姓傅名羅卜，你著恰伊吉拜爲師兄弟，全往西天超度你阿爹正著。（內白）呵你有恰伊吉拜無？（外白）我亦曾恰伊吉拜爲師兄弟。（內白）聖人示大？（外白）伊示大，我示子。（內白）啞你小當時無兄，今大即有兄。（外白）有兄即不

〔註68〕 引自李豐楙〈台灣儀式戲劇中的諧噱性〉，載《民俗曲藝》，1991年七十一期，頁184。

〔註69〕 同註68，頁188。

〔註70〕 法・施博爾〈台灣之道教文獻〉，載《台灣文獻》十七卷三期，1966年9月，頁188～189。

驚。且來呵！我查暮日在金崗山上講經說法，共師兄傅羅卜斷約，卜來五里亭相等，丘往西天超度我呵爹。其中穿插有聲難忍吃素之苦，表現諧趣之演出，而在二人往西天途中，遭遇艱險，則向觀音求助，如云：

> （生唱）到只處，淚盈盈，眼紛紛，叫天天不應，叫地地不聞。（正白）師兄啞，你苦去不都如嘮。（生白）再見得我知。（正白）天障高，叫卜再樣聽見，地障厚，叫卜再樣應哖。（生白）不未比師弟你可有意年。（正白）咱是出家人，念佛可貫事，著相共叫咱觀音佛祖扶持即著。（生白）說得有理，相共念佛即著。（唱）姑叫南無觀世音比，心生扶扶我只苦。（正白）師兄，天柱倒比。（生白）師弟，不是天柱倒。（正白）不是也。（生白）正是，纏自叫咱觀音佛祖扶持，天憐咱師兄弟有孝，樹木分在西邊，護咱好行路。事著相共拜謝即著。（正白）說得有理，相共拜謝天地。（唱）須臾間，樹木盡伏地，青草兩旁分，只是天心憐，行孝莘卜擺步根，方知我挑經挑母直往前村。

由於行孝心堅，乃有天助，表現出孝感動天的思想，同時也在於向世人強調出家人履行孝道的方式與毅力。而詼諧之對白，更足以吸引大眾的注意力。文中並藉由師兄弟之問答，以重申父母之恩情，表達人子盡孝之應當。其云：

> （正白）卜論令堂大人在陽時節，可再樣疼痛你年。（生白）師弟聽我說。（答）願聞。（唱）母痛子，越卻心頭肉，兒爲母，何愁了肩磨損。（生白）師弟啞。（正白）做也年。（生白）卜論令尊大人在陽時節，可再樣疼痛你年。（正白）師兄，你聽我說。（生白）願聞。（唱）爹痛子，越卻心頭肉，兒爲我爹，何愁了肩磨損。……（正白）師兄你爲人子，亦卜再樣擺播伊年。……（生白）我堅心報答我母親，管他黑桑林、火炎山、流沙河、寒冰池，前途險，離了裟哆羅苦。

此一唱本仍自目蓮救母故事增益而來，劇中增加雷有聲一人，以目蓮救母，有聲救父，表現出家盡孝的故事，情節簡單，主要以輕鬆之說唱方式，向平民百姓宣導孝道。李豐楙對雷有聲角色的出現認爲：「雷有聲在此雖也以求法者的姿態出現，不過明顯是要襯托目蓮，而以丑角出場，在目蓮挑經，有聲

打虎等齣中，就是由他的插科打諢，造成諧噱效果。」〔註71〕另外雖是在道教儀式中由道士演唱，卻仍保持佛教的色彩，顯見民間佛道混同，並無嚴格區分。

（二）《二十四孝講大孝》（編號 AS.MT I-1-213）

雖云「二十四孝」，然文中所言及之孝子多達二十八位，全篇以一白一唱的方式，道出歷代孝子之事蹟，其全文如下：

> 論古時人行孝，都是先聖先賢論及等第，正是大舜為先。
>
> （白）舜乃瞽之子，耕於歷力，有象為之耕，有鳥為之耘，帝堯聞之，事以九男，妻以二女，讓以天下。漢高祖第三子名恒，初封代王，漢文帝生母薄太后，身得病三年，帝目不交睫，衣不解帶，湯藥非口親嘗弗進，仁孝聞於天下。（唱）舜共漢文帝伊是九重並肩。舜耕歷山；文帝奉太母，昏晨湯藥必自煎。
>
> （白）宋朝黃山谷身雖貴顯，為親滌溺器未嘗一時不供職；庾黔妻嘗父糞，心甚憂之至，夜稽首北辰，來以身代替父死；朱壽昌棄官尋母，與家人訣誓不見母不復還。只三人乃是做官行孝。（唱）宋朝黃山谷、庾黔妻、朱壽昌受了朝廷俸祿，為親滌溺器、稽首北辰、棄官尋母，伊人受盡顛倒。
>
> （白）漢朝董永家貧，父死賣身，借錢還葬伊父親。天憐董永有孝，降下織女，結為夫妻，織絹百疋，還了吳家債倖。（唱）董永家貧，賣身葬父親，玉帝憐憫伊，降下織女結姻緣。
>
> （白）曾參採薪山中，家有客至，母無措，望參不返，乃嚙其指，參忽心痛負薪而歸。子路家貧，嘗食藜藿為親負米百之外。閔損御車，衣以蘆花，體寒失靷，伊父察出情由，欲出后母，損告曰：母在一子寒，母去三子單。繼母聞之悔過。（唱）曾參採薪、子路負米、閔御車，一都是孔門一大賢，那個閔損是最後母掠只衣裳分作採蘆花綿。
>
> （白）江革父母逃難；蔡順採桑，黑赤有分；剡子入林取鹿乳；孟宗哭竹冬生▓。（唱）蔡順江革，負母去逃難；孟宗哭竹；剡子入林

〔註71〕同註68，頁194。

取鹿乳，伊是為母病終年。

（白）丁蘭父母早喪，長大思無以報劬勞，乃刻木為形像，奉飲食如事生一般。目連歷盡數劫，救母上西天。（唱）丁蘭雕刻父母為形像，學佛法救母親出離了地獄正是目連。

（白）王祥、王覽伊是全父異母，繼母思食鯉魚，祥脫體臥冰求鯉而奉之。（唱）王祥、王覽全父異母，兄友弟恭，感動後母心無偏。

（白）張孝、張禮伊是親兄弟，行孝只二人，被賊人掠去。（唱）張孝、張禮被賊人掠去，兄替弟死，弟替兄亡，兄弟相替死，感動許賊人怜憫伊。

（白）老萊子行年七十歲，年不稱老，身穿五彩斑衣為嬰，戲於親側。王裒伊母怕雷聲。郭巨埋兒分母膳。（唱）老萊子身穿五彩班衣，戲母階前。王裒聞雷聲走到一母墓邊，我母裒在此，我母親你今莫得障驚疑。郭巨埋兒，以免分母膳。

（白）崔山南曾祖母年高無齒，祖母唐氏夫人每日折洗升堂，乳其姑姑不粒食，數年而康。姜妻龐氏其姑好飲清江水，龐氏汲水而奉之。（唱）龐氏汲水性命險送在江邊。唐氏夫人事乳姑至孝，感動天心。

（白）吳猛事親至孝，夏天多蚊，並無幃帳，猛先恣其蚊使之膏血自飽。黃香事父母至孝，夏天炎熱，扇涼枕蓆，冬天寒冷，先燠其被褥。陸績九江懷桔只幾人，乃是細子行孝。（唱）吳猛陸褥績黃香，伊是七歲孩兒，恣蚊扇枕懷桔，伊是知恩報本性自然。

（白）楊香事父至孝，年十四歲，隨伊爹往田獲粟，一時伊父險被虎咬去，香惟知有父而不知有身，空手打虎救父親。（唱）那有楊香一是女兒十四歲，孩兒空手打虎，救了伊爹無事志。

二十四孝說完明　奉勸世間男共女，自古親兄弟出有只田真、田廣、田文慶兄弟三人，感動紫荊復舊時，自古盟兄弟著學許張輝、關公、劉備，莫學許龐肙害孫臏，抱石落井，伊人反面做出無情，朱弁行孝義，上領山十四五六年，天落紅雨，地下馬生角。（暧）世間有只天尊事志，忠孝廉節盡說完備，自古及今行孝義，必須著捨

身取義。

二十四孝講得明白，大家相共出亭。

另外據日人田仲一成之調查，福建莆田道士於七七忌日葬禮中也有宣說《二十四孝歌》，而配以不同之曲牌樂調加以說唱，茲迻錄於下：

【梁州序】

聽說行孝原因

（白）虞舜　　　（唱）虞舜虞舜大孝感動天。

（白）漢文帝　　（唱）漢文帝仁德流天下。

（白）曾參　　　（唱）王祥求鯉凍雪臥冰。王祥求鯉凍雪臥冰。

【梁州序】

（白）郭巨　　　（唱）郭巨埋兒，天賜百兩黃金。

（白）目連　　　（唱）目連救母上西天。

【破瓜▤】

（白）御車閔損是賢郎，冬天哭竹是孟宗

　　　果然天地有感應，霜寒雪冰▤出幾行。

（唱）▤出幾行，黃香冬暖母，夏天扇枕涼。董永曾賣身，埋葬伊厝爹娘。劉殷行孝。萬古人揚名。

【秀停針】

（白）老萊子，老萊子戲彩斑衣，雙親開口笑微微。笑什麼？笑姜詩順母離妻少，因何事？因太姑得病在床，愛喝江水，你去討未然。有去討，討有討無。龐氏孝婦，行居江邊取水，可恨蛟龍作弄，將水桶拖來拔去，湧浪乎天。

（唱）蔡順采桑，蔡順去采桑賊，賊送金銀，有銀共米。

　　　龐（唐）氏孝婦，乳姑棄兒。吳猛爲母，爲娘你苦無帳帷。

【大還略】

（白）田家兄弟有幾人？有三人，叫什麼？大叫田眞，第二叫田廣，第三叫田慶。伊厝兄弟三人，九世立誓不分。有何憑據？伊厝埕頭，有一株紫荊花爲記。

（唱）剡子事親，身身挂鹿衣。丁蘭刻木，奉祀伊厝雙親。

陸績懷桔，爲母報念飴。唉！張禮張李，伊厝兄弟二三人，
爲娘你相爭，相爭而死。

【漁家臥】

（白）朱壽昌，朱壽昌七歲離母親，五十二年不見娘你面，伊人孝
　　　順感動天心。出仕當時，痛念生母，棄官查尋。感觀音佛指
　　　點，引尹母子，到萬接亭相會。

（唱）朱壽昌，朱壽昌，七歲離親，五十二年不見，伊厝娘你面。
　　　王褒，王褒，守墓畏唱響，黃山谷孝順，萬古人揚名。楊香
　　　搤虎，楊香搤虎父子無驚。黔婁嘗冀，感動天心，子路負米，
　　　百里受盡艱辛。〔註72〕

其演唱之曲調形式與《二十四孝講大孝》不同，而所歌頌之孝子大致相同，
與《二十四孝講大孝》之差異在於《二十四孝歌》以「劉殷」代替「江革」，
「王裒」則作「王褒」，而《二十四孝講大孝》只言及姜詩之妻龐氏之事，《二
十四孝歌》則以二人合論。

　　目前所見最早明確標舉二十四孝之文獻，爲敦煌卷子「故圓鑒大師二十
四孝押座文」，計有寫本二卷、刻本一卷，分別藏於英國倫敦大英博物館及法
國巴黎國家圖書館，編號斯三七二八、斯七及伯三三六一〔註73〕。圓鑒大師
爲五代時三教談論雲辯，歷經後唐，後晉、後周諸朝，其所作之「二十四孝
押座文」爲今所知最早有關二十四孝之文獻資料〔註74〕，而內容實僅九人，
包括目蓮、釋迦、舜、王祥、郭巨、老萊子、孟宗、黃香以及田氏兄弟田眞、
田廣、田慶。至於標舉二十四孝全部之名目者，則首推南宋《劉松年二十四
孝圖趙孟堅書合冊》，所收孝子名目包括：舜、漢文帝、閔損、仲由、曾參、
老萊子、剡子、黃香、姜詩、郭巨、蔡順、江革、丁蘭、董永、陸績、王
裒、王祥、楊香、朱壽昌、庚黔婁、孟宗、吳猛、唐夫人及黃庭堅。

　　其後有元・郭居敬之《二十四孝詩》，流傳廣遠，自來均誤以其爲二十四
孝之始編者，至圓鑒「二十四孝押座文」出，始知唐五代已有編集「二十四

〔註72〕引自日・田仲一成《中國的宗族與戲劇》，上海古籍出版社，1992年8月，頁
　　　386～389。

〔註73〕參見鄭師阿祖《郭煌孝道文學研究》，台北：石門圖書公司，1982年8月，頁
　　　457～458。

〔註74〕同註73，頁493。

孝」之故事者。《二十四孝詩》與《劉松年二十四孝圖趙孟堅書合冊》相較，無子路、江革，而易之張孝張禮及田眞兄弟。關於二十四孝故事之源流演變，許師端容《二十四孝研究》已詳考之〔註75〕，今僅就前舉四者列表比較如下，以明其關連：

作品人物	二十四孝押座文	二十四孝圖	二十四孝詩	二十四孝講大孝	二十四孝歌
舜	○	○	○	○	○
漢文帝		○	○	○	○
黃山谷		○	○	○	○
庾黔婁		○	○	○	○
朱壽昌		○	○	○	○
董　永		○	○	○	○
曾　參		○	○	○	○
子　路		○	○	○	○
閔　損		○	○	○	○
蔡　順		○	○	○	○
江　革		○		○	
孟　宗	○	○	○	○	○
剡　子		○	○	○	○
丁　蘭		○	○	○	○
目　蓮	○			○	○
王　祥	○	○	○	○	○
張孝、張禮			○		○
老萊子	○	○		○	○
王裒（王襃）		○		○	○
郭　巨	○	○	○	○	
龐　氏				○	○
姜　詩		○	○		○

〔註75〕參考許師端容《二十四孝研究》，中國文化中國文學研究所碩士論文，1981年6月。

唐氏夫人		○	○	○	○
吳　猛		○	○	○	○
陸　續		○	○	○	○
黃　香	○	○	○	○	○
楊　香		○	○	○	○
田眞兄弟	○		○	○	○
如　來	○				
劉　殷					○

　　經由上表可知，道教之《二十四孝講大孝》及《二十四孝歌》實是採擷佛、釋二教之二十四孝說增益而成，其中稍異之處，在於二者無「如來」事，而「劉殷」僅見於《二十四孝歌》，且《二十四孝講大孝》以姜詩妻龐氏取代姜詩。劉殷事見「晉書」本傳，言劉殷至孝，夜夢西籬下有粟，寤而掘之，得粟十五鐘，並有銘曰：「七年粟百石，天賜孝子殷。」龐氏行孝，可見唐‧道世《法苑珠林》卷四十九〈感應緣〉引《東觀漢記》云：

> 姜詩字士遊，廣漢雒人，母好飲江水，兒常取水，溺死。婦痛惜，
> 恐母知，詿云行學，歲歲作衣，投于江中，俄而泉湧，出於舍側，
> 味如江水甘美，旦出鯉魚一雙。

施博爾教授所收煉度戲唱本中，尚有敘及部分二十四孝人物者，如 ANSTI-1106 鈔本：「郭巨埋兒天賜金，丁蘭刻木奉雙親，孟宗哭竹多生筍，孝順由來世上珍……」

　　另外《莊林續道藏》小法卷十七之《下席科》中亦有宣說二十四孝的韻文，為七字一句之整齊句式，其云：

> 貳拾四孝說古言　　且說丁蘭共目連
> 孟宗泣竹冬生䷀　　王祥臥冰救母親
> 董永賣身葬父母　　郭巨埋兒天賜金
> 丁蘭刻木為父母　　目連救母上西天
> 百鳥鶯哥行孝順　　參隨觀音去修行

雖云二十四孝，然所述惟孟宗、王祥、董永、郭巨、丁蘭、目連及鶯哥七人，其中目連及鶯哥乃為佛教之孝子故事，鶯哥之本事蓋由佀寶積經鸚鵡孝養故事而來，顯見其受佛教之影響。

（三）《懷胎歌》（編號 AS.MT I-3-211）

此作品乃道士以方言口頭歌唱之辭，字句參差長短不一，篇幅頗長，首先唱詠母親懷胎育子的劬勞，由一月至十月胎兒的孕育至臨產的艱辛，其云：

> 東極青宮救苦尊　傳經傳法傳經文
> 養育劬勞深四海　人生在世可思娘
> 雙親養育飛揚院　十月懷胎受苦身
> 一月日懷胎如露水　二月日懷胎心汒汒
> 三月日懷胎成人影　四月日懷胎結成人
> 五月日懷胎分男女　六月日懷胎根成全
> 七月日懷胎分七孔　八月日懷胎長如山
> 九月日懷胎如員轉　十月日懷胎脫出娘身
> 但看懷胎十月滿　分娘一時娘禮叫千難
> 娘身腹痛如刀割　割娘腸肚問痛娘心肝

孩子出世後，祖父母百般呵護疼惜，文中詳細敘述了產後爲嬰兒張羅之情景，包括剪臍帶、擦麻油、餵糖水等事，以及爲母親坐月子等事，觀此亦可知民間婦女產育之習俗。其次則述養子之勞瘁，與佛、道教的《報父母恩重經》所述相似，顯然受其影響。然更爲切合民間婦女乳子之辛勞及愛子之情。其云：

> 生男不知娘千苦　養女正知娘親下干艱
> 衣干就濕娘身受　三年屎屎娘禮受淡憂
> 日來食娘心長乳　夜來啼哮皎醒娘無泯
> 在（左）平食乳過右平　右平食了隻手抱興前

又云：

> 黃飯未煮還惱子下天　衣庫末做苦了子下寒
> 甘燒也冷乎子食　詞卜子大出人情

其後更自一歲敘及二十歲之成長過程及父母望子成龍之企盼等，繼而奉勸世人知恩報，本爲父母「食得三血盆菜，准報娘親十月是懷胎」既以口語唱誦之言辭廣宣父母之恩，也結合了宗教信仰以達報本之目的，對民間廣大群眾而言，面對其感同身受的內容，出之生動歌誦，自然是易於接受與傳播。此文尚述及兄弟、妯娌、婆媳祖孫等倫理關係，苦口婆心勸人和睦相待，文末

並舉楊香打虎、丁蘭刻木之孝行以勵世人，深具教化之功。

　　黃文博《台灣冥魂傳奇》載有台南縣將軍鄉廣山村道士吳文進所唱唸之「懷胎答詞」（又稱《懷胎經》），其內容與施博爾藏之《懷胎歌》大體相類，應屬同系統之作品，據其書云：「以筆者田野所採集到的有聲資料而言，『懷胎經』的板本可能有多種，不過內容都大同小異。」〔註76〕而其演出時間乃在於「做功德」法會之「燒庫錢」儀式進行中，上場表演者有兩位，道士一名主唱主唸，扮演「太乙救苦天尊」角色，以搖鈴或敲金鐘擊拍，每兩句為一斷。後場幫腔一名，以打鼓伴奏，當道士斷句時，便接唱「救苦尊，太乙救苦尊。」經詞內容大約可分為二十個部分：知報恩、懷胎期、生產期、嬰幼期、求學期、功名期、勸行孝、勸父母、勸兄弟、勸媳婦、勸公婆、勸女兒、勸女婿、勸小姑、勸兄嫂、勸男人、勸大家、勸亡靈、引亡靈〔註77〕。內容較《懷胎歌》更廣泛而完整，然皆圍繞在一般家庭倫理上宣說，以切合場所及對象。

　　此外《莊林續道藏》小法卷十七之《下席科》也保存有十月懷胎之唱詞，不過是藉由佛陀之口宣演，其云：

我佛住在南山寺	南山寺上讀真經
彌陀尊者親來問	何時報答父母經
一頭挑母乙頭經	經前母後受艱辛
不免經母橫挑上	山林樹木列兩邊
吾今勸兒又勸子	逐月共你說回依
一月懷胎成血露	二月懷胎正朦朧
三月懷胎如朱水	四月懷胎出母脆
五月懷胎分男女	六月懷胎六根全
七月懷胎分七九	八月懷胎取分別
九月懷胎兒身重	十月懷胎降下生
一歲二歲母手上	父母養育得成人
三歲四歲身怜悧	戲要得桃笑微微
七歲八歲心頭悅	送去入學讀書時

又云：

〔註76〕見黃文博《台灣冥魂傳奇》，台北：台原出版社，1992年12月，頁117。
〔註77〕同註76，頁117～130。

> 你母胚胎十月滿　　三年乳哺惡成遲
>
> 須念父母鞠育恩　　洗盡惡穢不成眠

文中並以月星及樹藤爲喻，勸人應與父母緊緊相依，切莫輕離：

> 勸汝父母願做天上月　　兒子願做月邊星
>
> 父母兒子不甘離　　恰是星月相隨到天邊
>
> 父母願做林中樹　　兒子願做樹邊籐
>
> 青籐纏青樹　　樹藤相交纏

同書黃籙卷十二之《過橋科儀》中亦有宣說十月懷胎經之唱詞，其云：「是阿道友，來到橋頭一座亭，此亭叫做救苦亭，救苦亭內一本經，此經叫做十月懷胎經。」述十月懷胎之情形云：

> 是阿！道友！人説一月日懷胎一點露，一日□□□卜吐阿卜吐。二月日懷胎二點露，一日思食豬肚煮酸□，病子藥不都著。三月日懷胎成人形，四月日懷胎結成人，五月日懷胎分男女，六月日懷胎六根全，七月日懷胎分七孔，八月日懷胎重如山，九月日懷胎九曲轉，十月日懷胎脫娘身。但看懷胎十月滿，妗娩至時母親艱難。

又云：

> 太清設教道爲尊　　報答父母養育恩
>
> 父母恩情深似海　　報恩娘親□□胎
>
> 一月日懷胎如露水　　娘今病子眞克虧
>
> 二月日懷胎心茫茫　　愛食物件不敢講
>
> 三月日懷胎作人影　　腳酸手軟無愛行
>
> 四月日懷胎結成人　　顏容消叟捐精神
>
> 五月日懷胎分男女　　在娘腹肚內做厝居
>
> 六月日懷胎六根全　　兒身骨節才團圓
>
> 七月日懷胎分七孔　　在娘腹中個走藏
>
> 八月日懷胎重如山　　娘身遭餓心不安
>
> 九月日懷胎九曲轉　　若要臨盆翻一翻
>
> 十月日懷胎孕滿期　　未知妗娩在何時

不僅描述胎兒的成長變化，也表現母親的身體及心理狀況，較下席科所言更爲詳盡入微，也強化了道教的色彩，而與施博爾藏台灣道教文獻之《懷胎歌》內容相差無幾。繼而描寫產子之情形云：

娘今腹痛如刀割　　割娘腸肚賣娘個心肝
一**潰**痛來是小可　　二**潰**痛來受打撥
爹親荒忙去下願　　下神托佛保平安
公公聽著一直叱　　婆婆出來用手緊甲捘
是男是女緊出世　　免得母親□□□□疑
祖公神明相保庇　　保庇媳婦早早出孩兒
孩兒生落吼三聲　　荒忙公媽點香出大廳
孩兒生落繡房內　　母子相見笑咳咳
日來食娘心頭乳　　暝來啼吼抄娘眠
移乾就濕娘親受　　含燒野秤記在心
三頓卜食憶著□　　衣裳卜穿煩惱子個寒
寒來做卜子穿煖　　熱來做卜子穿涼

觀其內容實亦十報恩詞之餘緒，乃對臨產受苦、生子忘憂、乳哺養育及移乾就濕等恩德之鋪敘，因應台灣民間之環境，以方言口語表現一般家庭面臨孩子誕生之情況，平易而貼切。

此一科儀同樣不忘提醒世人勿行忤逆，免遭報應。如云：「忤逆父母大不養，雷公打死煞滅屍。」「做人媳婦著行孝，忤逆家官敢有賢，忤逆家官大不孝，十八重地獄著過透透。」又云：

男人著學廿四孝　　無學許豹共韓消
許豹打父雷打死　　韓消害母害自己
許豹韓消有名聲　　自古及今傳歹名

此外其勸人報恩之文辭中仍可見佛教之影響，如云「養男育女須報本，替爹娘食荤拜血盆」，又曰：「觀音落山修苦行，奉勸男女有孝心」等等，均可見佛教對道教之影響。而懷胎經之說唱普遍存在於道教儀式法會之中，亦可見道教對孝道倫理提倡之不遺餘力，不僅具有勸世教育之功用，內容往往加入風趣之對白，亦可調節哀戚之情緒，而其形式文辭也具有文學之價值，故黃文博《台灣冥魂傳奇》云：「『懷胎經』的歌詞以七字為主要結構，但也有七字以上的，不管幾字，最後一字都是押韻的，唸來順口易唱，聽來悅耳易懂，用字遣詞皆頗講究，也相當通俗而生活化，淺顯而口語化，這應可開拓民間『俗文學』的另一個視野。」〔註78〕

〔註78〕同註76，頁132。

另外《論三綱五常》在於向大眾宣說君臣、父子、夫婦倫常及仁義禮智之道德概念，以問答或唱白的形式闡釋儒家之義理，其中亦有論及孝道之語云：

> （問）論做人子如何是孝？（應）論做人子，須著冬溫夏清，昏定晨省，孝順雙親，生則奉甘旨，死後設大齋，慎終追遠，是則爲孝。

又云：

> （功白）論父爲子綱，本是天性，做人子須當行孝順，詩云：爲人子止於孝，爲人父止於慈。（功唱）父爲子綱，父天母地，做人子須著行孝義，不掠父母恩情覓做流水滄滄。

又針對婦女而訓戒之云：「做人媳婦，順著起早梳粧，孝敬父姑，順從夫郎，只正是做人媳婦介道理。」整體而言，是以嚴肅之語氣，進行道德說教，與前面唱本之通俗趣味有別。

第六節　偈、頌、贊、咒

偈、頌、贊、咒均爲道教經韻格式，偈源於佛教，乃梵語偈陀（Gatha）之簡稱，義爲頌，《翻譯名義集》曰：「偈者，西域記云：舊日偈，或日偈銤，梵音訛也，今從正音，宣云伽陀，此言頌。諸經雖五字七字爲句不同，皆以四句爲一偈也。」頌以歌德，贊亦爲贊美、贊頌之意，爲對諸神諸仙的功德加以贊美稱頌，往往配以道教曲調，以優美的旋律反覆唱誦〔註 79〕。由於三者意義形式相近，故往往混同，或偈頌合稱，或贊頌合稱。

咒有祝告之意，是向諸神諸仙祝告，向修持者、信徒以及香客、齋主祝告、勉勵的詞語，屬於經韻格式的咒語，只念咒不畫符，稱爲「無符咒」，字數多爲四言句，具有實義，於樂誦時，音律、音調穩定，節拍、節奏單一，已形成歌腔形態，稱爲「念咒腔」。〔註 80〕

這一類的孝道文學作品除了保存於科儀中的已見前節，其餘主要見於《太上老君說報父母恩重經》、《洞玄靈寶道要經》及《文帝孝經》之中，茲分別論述如下：

〔註 79〕同註 55，頁 997。
〔註 80〕同註 55，頁 644。

一、偈

偈本以頌爲主旨，必成四句一首，然在道經中所出現之偈已打破此種規範，不僅有四句式、八句式、十句式不等，《文帝孝經》中之〈孝子桂苑天香心印偈〉甚至長達八十二句之多，而其內容也有以警惕世人，勸誘世人爲主旨者。

《太上老君說報父母恩重經》中有兩首偈文，五字一句，八句一首〔註81〕，其云：

> 善善自會善　惡惡歸惡根　生前不慈孝　死後報何恩
> 苦哉縈痛毒　往返十八門　非吾三赦日　何得暫蒙原

又云：

> 前緣至孝慈　供養禮無違　敬信於三寶　無期福會歸
> 天堂裡容曳　福祉高巍巍　斯樂今無極　由來福慶隨

二首皆飽含因果報應的宗教思想，前者言不孝父母，必入十八地獄受苦，而後首則宣揚孝順慈愛、敬信三寶者，可升天堂享受無極福樂。辭句淺顯，宣說的也是最基本的宗教信念。

《太上慈悲道場消災九幽懺》卷七之偈則勸人敬天法祖，以孝道修身，期以證成道果：

> 一切世間人　孝道宜修身　畏愛於天地　當如父母身
> 畢竟成道果　妙行隨日新　吾今演妙法　救度諸沈淪〔註82〕

《文帝孝經》中的偈語有十九首，可說相當的多。其句數少則四句，多至八十二句，或五字或七字。其內容有闡揚父母恩德者，云：

> 萬般勞瘁有時休，育子辛勤無盡頭，
> 字懷耐苦終無厭，訓誨循徐不憚求。
> 一葉靈根非易植，窮年愛護幾曾優，
> 子俱親自身栽養，親老心猶爲子籌。〔註83〕

言父母無時無刻不爲自己的兒女設想，終生爲其無怨無悔的付出，「萬般勞瘁有時休，育子辛勤無盡頭」一語道盡父母養子的心境，而「親老心猶爲子籌」正是對報恩詞中「究竟憐憫恩」的說明。正因如此，故其又勸人當謹記雙親

〔註81〕見《正統道藏》洞神部本文類女字。
〔註82〕見《正統道藏》洞玄部威儀類木字。
〔註83〕見《文帝孝經》，收入《道藏輯要》第二十三冊，頁10159。

對己之呵護，莫忘本背恩，其云：

> 幼而得親全，安樂不之曉，設無雙親在，饑寒難自保，
> 遭此伶仃苦，方思親在好。〔註84〕

又云：

> 室家是親成，豈是離親地，莫道風光好，遂把親歡易，
> 貧賤是前因，豈是父母遺，生不托親體，我并無人身，
> 莫怨生我苦，修來自有異，富貴是親培，豈是驕親具，
> 親落不教我，何有富貴遇，報本正在此，赤怛安可替，
> 最易忘親處，尤宜加省惕。〔註85〕

世人往往在幼年時依戀父母，長大成人後，或追逐富貴名利，或沈溺美色，遂棄父母於不顧，《太上老君說報父母恩重經》已予以譴責，此處偈文也提出以警惕世人。偈文中更以將心比心的觀念，發出「養兒方知父母恩」的感嘆，並呼籲人子反思幼時受到雙親的細微照料，在父母年老時，自己當思反哺，侍親終老，其云：

> 嬉嬉懷抱中，惟知依二親，何至長大後，漸失爾天真，
> 我親既生我，我全不能孝，云何我養兒，我又恤之深，
> 反觀覺愧悔，方知父母恩。〔註86〕

又云：

> 親昔養兒日，豈比強壯年，我方學語處，親疑我啼也，
> 我方跬步時，親疑我蹶也，我方吚唔處，親疑我疾也，
> 我方思食處，親知我饑也，我方思衣處，親知我寒也，
> 安得本斯志，體恤在親先，親今且垂暮，亦豈強壯比，
> 欲將飼我者，奉親膳養時，欲將褓我者，侍親寢息時，
> 欲將顧我者，扶親衰老時，欲將育我者，事親終天時，
> 何者我曾盡，全然不之覺，生我何為者，能不中自忖。〔註87〕

又有說明盡孝之方法者，或以承順為原則，或以守身為要務，如：

> 子賴親安享，不思盡孝易，若或罹困苦，方知盡孝難，

〔註84〕同註83，頁 10160。

〔註85〕同註83。

〔註86〕同註83。

〔註87〕同註83。

難易雖不同，承順是一般。〔註88〕

又：

一切本來相，受之自父母，謂身即親身，人猶不之悟，

謂親即身是，重大不可誤，完厥惺惺體，盡我所當務，

無量大道身，圓滿隨處足。〔註89〕

宗教信仰的權威性及懲惡揚善的力量，在此亦被作爲宣揚孝道的利器，告訴世人孝與不孝，天鑑洞明，絲毫不爽，如：

跡顯心亦顯，感應固神妙，若有心不孝，盜名以爲孝，

假以欺世人，中實難自道，跡或似不孝，身心實盡孝，

世人競黜之，心惟天可告，獨此兩等人，感不漏纖毫，

天鑒不可欺，禍福時昭報。〔註90〕

由於文人盛行崇祀文昌，認爲文昌主其功名，故偈文即藉此發揮，說朱衣與魁光可轉變文人心智，孝子才能具有仙品文才，不孝者將導致聰明閉塞。其〈孝感章〉中之〈孝子文印偈〉曰：

至文本無文，韞之孝道中，發現自成章，司之豈容泄，

天聾與地啞，非聾亦非啞，特將天地秘，不使盡人解，

朱衣與魁光，變幻文人心，遇彼不孝子，塞其聰明路，

遇彼純孝子，開其智慧途，凡才作仙品，仙品作凡才，

文雖有高下，黜陟豈人操，或因前生報，或因今生報，

今生或後報，必當爲孝順，文章作證明，闡揚在大道。

天聾地啞爲文昌帝君之二位侍者，據《歷代神仙通鑒》卷十一云：「（梓潼眞君）道號六陽，每出駕白騾，隨二童，曰天聾、地啞。眞君爲文章之司命，貴賤所繫，故用聾、啞於側，使其知者不能言，言者不能知，天機弗泄也。」而朱衣與魁星亦均屬民間傳說主科試及第者，《日知錄》卷三十二云：「以奎爲文章之府，故立廟祀之，乃不能象奎，而改奎爲魁，又不能象魁，而取之字形，爲么舉足而起其斗。」故魁之形象爲藍面赤髮之鬼。宋・趙令畤《侯鯖錄》云：「歐陽公知貢舉日，每遇考試卷，坐後嘗覺一朱衣人時復點頭，然後其文入格，始疑侍史，及回視之，無所見。……嘗有句云：『文章自古無憑

〔註88〕同註83，頁10161。

〔註89〕同註83，頁10162。

〔註90〕同註83，頁10163。

據，惟願朱衣暗點頭』」後世即以文字中選爲朱衣點頭。道教利用這些信仰傳說，以文才高低取決於孝順與否，試圖藉此促使孝道受到重視。其〈孝感章〉中〈孝子桂苑天香心印偈〉更以華麗辭藻舖天庭種種寶物，而這些都只有孝子才有緣得賜，其曰：

> 我有蟾宮桂，仙品眞足貴，稟蘊斗星靈，包含月華精，
> 元和鍾妙葘，枝根挺天衢，蒼龍覆七曲，光輝連玉宇，
> 栽得大靈根，吐茲百寶芬，一葶自天逗，大地萬花稠，
> 流化在人間，所到無不周，紛紛世上胄，植香豈不茂，
> 易茂亦易落，暫而不能久，無如天上桂，一葶勝千藪，
> 愈散覺愈遠，愈久覺愈悠，香隨九天翔，浩蕩風清颸，
> 馨懷萬會秋，眞妙永無量，名之爲金粟，載之在奎斗，
> 珍貯慶宮中，高估壁樓頭，不是擎元叟，莫得主其有，
> 若非植善手，莫得攀茲秀，勿與輕薄子，必以孝爲首，
> 莫下害良筆，莫使褻字手，孝子之所爲，我當賚賜厚，
> 千祥凝聚處，早把天香授，果是誠孝子，不求而自授，
> 不孝不悌人，求攀終莫有，變孝妄行逆，有必奪其有，
> 悔逆猛行孝，無仍賜其有，聖人孝天地，大位帝眷佑，
> 須知世所貴，必從天上酬，祈遊桂苑者，宜認此來由，
> 中間莫錯路，自有非常遘，億色花香裡，重重寶光覆，
> 洞明萬戶玲，天天疊文秀，凝成篆籀章，結合五霞構，
> 秘策列繽紛，仙韻不停流，悉在光中過，遍照大神洲，
> 盤旋觀不盡，群仙晤且遘，花隨步履揚，馥自冠裳透，
> 略嗅雲霄桂，洗盡塵俗垢，千孔與百竅，感香俱靈牖，
> 心腑也充滿，福緣無不偶，入圍獨推元，垂芳能不朽，
> 寶哉勿輕錫，慎重待孝友。

極力刻劃仙境寶物之華麗動人，藉以誘引世人嚮往之心，繼而以嚴厲口吻表明不孝之人，天將奪其所有，行孝之子，必獲天賜，終可悠遊飄渺仙境。其句數之多，實亦罕見。

在《廣成儀制十王大齋右案全集》中亦有十首報恩偈，其云：

> 稱念間浮世上人，生男育女母辛勤，
> 十月懷胎恩深重，誰肯修齋報母恩。

父母有病臥高床，誰肯將身取藥方，
一日取命無常到，那個兒女替身亡。

有志男兒整衣裝，無志之人堆土廟，
更有忤逆不孝順，七七之內莫風光。

上等之人修齋薦，中等之人禮靈喪，
下等之人不順善，枉做男兒把身當。

父母不親誰是親，不敬父母敬何人，
父母本是生前佛，何去靈山禮世尊。

孝順還生孝順子，忤逆還生忤逆男。
不信但看簷前水，點點滴得不差移。

我今勸汝早發心，修齋設醮禮三清，
文武公侯並宰相，都是父母一般生。

問浮世界許多人，世人俱皆母生成，
雙親養育恩深重，幾人能知父母恩。

昔日寶相行孝時，十八地獄都遊行，
他母未出輪迴路，身騎白馬挂真符。

眾等稱念寶相尊，妙嚴宮中修薦文，
合家孝門蒙庇佑，願亡早登極樂庭。〔註91〕

一方面宣揚父母養育子女的深恩，極力勸人孝順父母，勿行忤逆，另一方面則提倡修齋報恩的觀念，認為「上等之人修齋薦，中等之人禮靈喪，下等之人不順善」。而「孝順還生孝順子，忤逆還生忤逆男」則表現了因果報應的思想，在台灣的道教科儀中也加以宣揚，如《莊林續道藏》黃籙卷十二《過橋科儀》中云：「孝順凡生孝順子，不孝凡生忤逆兒，（我不信）道友那是不信，但看雨來燈前水，點點落地無差移。」同書小法卷十七《下席科》亦曰：「孝順便生孝順子，忤逆還生忤逆兒，不信但看簷滴水，點點落地無差移。」文辭與第六首偈語幾乎一樣。第九及第十首皆言及寶相真人，藉由其孝行勸籲世人，顯然寶相救母在道教中具有孝道典範之地位，一如目蓮之於佛教，只

是其故事的流行不如目蓮之普及。

二、頌

　　《洞玄靈寶道要經》有三首，均為五字一句，第一首共十八句，餘二首為十二句〔註92〕。第一首以孝與不孝對言，勸人行孝方可基定仙真之基，若執迷不悟，終將成為蠹尸，淪入萬劫不復之境，其云：

　　　　勿言孝不真　　勿言道不神　　行孝光天下　　明然照爾心
　　　　心迷暗不悟　　躊躇失生路　　告曾考勳名　　無功終不度
　　　　天堂寂不歡　　地獄多寒沍　　語汝儀堂子　　勤建功真步
　　　　莫學蠹死群　　灰身螻蟻聚　　一墮浮遊鬼　　萬劫忘生路
　　　　湯炭罪未窮　　茫茫守丘墓

第二首則更進一步描寫地獄受苦受難的悽慘，飲鑊湯，食熱灰，皆因不信孝道，導致永世痛苦，長年悲哀，其云：

　　　　天堂永不閉　　地獄未曾開　　受苦無休息　　罪鬼合群來
　　　　湯則飲鑊湯　　飢則食熱灰　　由何失孝道　　財色受殃媒
　　　　強壯不行道　　臨終始欲迴　　聞孝翻誹笑　　湯火長悲哀

第三首以正宣說，歌誦孝道的力量，可使四海息兵，天下太平：

　　　　欲知孝道隆　　滿堂皆女僮　　窈窕西宮室　　承運補王公
　　　　此時吾道行　　天燈處處明　　神香迴朗識　　山野慶雲生
　　　　敵國罷門戰　　四海不交兵　　能修孝道誠　　斯須見太平

除了第三首符合頌以歌德的功能之外，前二首則是以警醒惕勵世人為主旨，可見道教對頌之體裁的運用，和偈一樣已不再限於對諸神仙歌功頌德的範圍，而具有了更廣泛的內容。

三、贊

　　《文帝孝經》有讚二首乃對孝道之贊頌，第一首為五字一句，共十八句，第二首為四字一句，共七句，而第七句則為五字。其云：

　　　　純孝本性生，無不備於人，體之皆具足，踐履無難循，
　　　　以此瞻依志，無忝鞠育心，在地自為紀，在天即為經，
　　　　生民安飲食，君子表言行，父母天親樂，無奇本率真，

> 人人若共遵，家國賀太平，放之充海宇，廣之塞乾坤，
>
> 孝行滿天下，塵寰即玉京。〔註93〕

又云：

> 元皇孝道，萬古心傳，通天徹地，妙行圓仙，佛亦同然，
>
> 化度無邊，中和位育全。〔註94〕

第一首說明孝乃心性本具，爲天經地義之事，若人人皆奉行孝道，則人間俗世即是道教仙境，毋須他求。第二首乃歌詠文昌所行孝道，元皇即指文昌帝君，蓋《文帝孝經》卷尾有「南斗文昌元皇大道眞君」之尊號，讚文認爲其力量足以圓仙成佛，法力無邊，可以說是對孝道神化的表現。此外《太華蓋山三仙眞君解冤滅罪度人心經》中有〈誦經懺總贊〉一首，也是認爲天地萬物之中，以忠孝爲先，人若循性盡忠盡孝，則俗世亦成仙界，與前引第一首讚文之含義相同。其云：

> 天地羅萬象，斗極司幹旋，人生覆載內，心含萬化原，
>
> 君父恩高厚，忠孝當所先，循性各自盡，塵寰即洞天。

四、咒

　　《文帝孝經》中有幾首咒語是以闡揚孝道爲主旨的，或七字一句，或四字一句，亦有字數不定者。句數則有八句、四句等。其咒語內容有勸人體念父母懷躭乳哺之恩者，如〈體親章〉之〈孝子明心寶咒〉云：

> 以此未及萬一心，時時處處體親心，
>
> 當思愛養恩勤大，每想懷躭乳哺深，
>
> 日在生成俯仰中，覆載風光父母仁，
>
> 何殊群物向春暉，切切終身抱至誠。

父母對子女的愛護養育，就如天地之覆載、日光之照耀一般偉大，而人子之於父母，亦應如萬物之嚮往春天的陽光，時時刻刻感念其賜予之溫暖，終身莫忘父母之恩情。又〈辨孝章〉之〈純孝闡微咒〉云：

> 萬般切己應爲事，俱從一孝參觀到，
>
> 胸中認得眞分曉，孝上行來總是道。

認爲萬事萬物的道理，即蘊藏於孝之中，能夠體認孝之眞諦，則行孝即是行

〔註93〕同註83，頁10164。
〔註94〕同註83，頁10165。

道，努力盡孝將可證道成眞，故〈守身章〉之〈孝子金身咒〉曰：

> 惟此光明孝子身，果是金剛不壞身，
>
> 化成即在當身內，現出千千萬億身。

行孝不僅可煉就金剛不壞之身，並可使一家和氣，進而促成日月乾坤之和順，力量至鉅，〈孝感章〉中〈孝感神應咒〉之一云：

> 褆唎褆唎，人子心曲，仰事俯育，一家氣和，飛鸞廣度，
>
> 樂愷先歌，如意寶光，普照長忩。

〈孝感神應咒〉之三又云：

> 褆唎褆唎，至孝誠孚，
>
> 親生福祿增多，歸去逍遙昇天都，
>
> 孝思不磨，樂永佗娑唵娑訶，
>
> 但願人子心，常如在母腹，
>
> 一呼一吸中，吮血茹膏液，
>
> 一血一脈間，俱屬在父怙，
>
> 情雖性發，依爲命府，
>
> 陰陽日月從此穌，乾坤翕闢從此穌，
>
> 五聲六律五行穌，五倫妙道從此穌，
>
> 太虛有盡處，孝願無嗟磨，
>
> 佗娑佗娑，娑佗娑佗，唵唎娑唎。

至於盡孝的方法，則是爲父母消災解厄，使其罪滅福生，不致於九幽受苦，是基於宗教功能而立論，故《孝感神應咒》之二云：

> 褆唎褆唎，盡孝靡他，解盡親厄，消盡親過，罪滅福生，
>
> 孝思不磨，超脫九幽，永離網羅，欲報親慈，惟心常慕。

觀以上咒語，除了少數字句不具實義，以及〈孝感神應咒〉之三屬不規則形式之外，餘皆以固定字句表達了實質的意義，事實上，這些咒語不論就形式或內容而言，均與前舉之偈頌讚相近，乃是以類於詩歌之型態向社會大眾宣說孝道之理念，所不同的是，咒語在宗教信仰中是包含有法術神祕力量的語言，是具有強制作用的命令性質，藉由咒語來推展孝道，是道教孝道文學中甚具特色的體裁。

除了以上幾種韻文之外，元初全眞道士牧常晁撰，其門人黃本仁編之《玄宗直指方法同歸》卷七中載有《勸報父母十恩》，也是屬歌讚類之韻文，歌詠

父母十種恩德，當受佛道二教之《報父母恩重經》及佛教《十恩德讚》等作品之影響，爲四言體，每八句詠一種恩德，自懷胎始，至父母歿止，其云：

懷耽十月，體重身羸，行住坐臥，如龍護珠，
暗禱神明，祈求男女，父母之恩，於斯爲始。

臨坐當草，萬千煩惱，生死須臾，性命難保，
破腹割腸，苦痛非常，產生恩重，碎骨難償。

出世爲人，便知飢渴，首末三年，飲娘乳血，
溫養漸大，情性漸生，不資乳哺，何由長成。

三年抱負，始離褓襁，子在懷中，珠擎掌上，
水火臨踏，刀鋸如夷，提攜愛惜，尤不忍離。

大小便利，瘡疾膿潰，手洗衣拭，不嫌臭穢，
盥滌蟣蝨，澣濯垢衣，時其寒暑，如事神祇。

簟席之間，或遭穢污，回兒就乾，母眠濕處，
但憂子冷，不問己寒，護惜之恩，何日可殫。

甘甜吐哺，苦澀自茹，但欲兒飽，不計己飢，
凡得好味，必留餧子，子食之甘，父母心喜。

整飾容儀，剪理梳沐，錦綺羅紈，盛爲兒服，
羽衣光彩，頭角漸大，父母之情，轉生憐愛。

提攜撫育，訓誨無忘，欲之成人，必教義方，
年及冠筓，漸識生理，父母之心，漸生懽喜。

父母對心，愛兒無猒，卜宅求田，廣爲聚斂，
亡歿之後，尤念子孫，粉骨碎身，莫報深恩。〔註95〕

依次講述父母之十月懷胎、生產危難、三年乳哺，提攜養育、洗浣穢濁、回乾就濕、嚥苦吐甘、盛飾兒服、訓誨教導、卜宅求田等十種恩德，不僅具有規律之形式，字句齊整，而且文字洗鍊自然，敘事井然不紊，寫情感人至深，如以「如龍護珠」傳神的表達了父母惜兒之心，以「水火臨踏，刀鋸如夷」深刻體現父母爲了子女付出的無怨無悔，無所畏懼的情操，「但憂子冷，不問

〔註95〕見《正統道藏》太玄部下字。

己寒」「但欲兒飽，不計己飢」之語，則明明白白道出了天下父母時時刻刻牽掛了子女有共同心境。

其內容應是以《太上老君說報父母恩重經》爲基礎增益之創作，依循其四言體之風格，其雖未明標十恩之名目，內容亦與佛教所言有所差異，如無佛教所標舉之遠行憶念、爲造惡業及究竟憐憫等而區分父母恩德爲十種，則可能是受到佛教《十恩德讚》等作品流行之影響。此篇末附有林道晁之跋，林道晁生平不詳，或亦爲元代道士，其跋言及孝悌王下降蘭公家與許遜傳孝道拔宅升昇之事，應與淨明道有淵源關係。文中並云：「且父母劬勞，恩深罔極，其爲恩者非止於十，惟此十般爲大，世所共知者，今略爲圖，加之訓註，普勸世人，同行孝悌。」其圖及註，今本道藏無之，可能已亡佚，而其云「惟此十般爲大，世所共知者」，顯見經由佛、道二教的宣揚，闡述父母十恩之語言早已深入民心，普遍流傳，並不斷以不同的文學形式表現，在佛道二教均構成了一系列的作品，成爲佛道二教之孝道文學的主要支幹。

第七節　孝道故事

道教基於長生成仙的信仰，構造了大量神明仙人的奇異事蹟，充滿幻化神奇的色彩，而能累世傳誦不絕。在這些傳奇的故事之中，也往往融入傳統倫理觀念，展現教忠教孝的精神，扮演著道德教化的重要角色，所以在道教文獻所保留的仙傳化蹟中，即包含許多闡揚孝道的故事。就其內容觀之，或塑造神仙之行孝形象，或宣揚行孝成仙之信仰，或記錄孝子之事實，或構造孝道之起源，而最多的則是孝感遇仙的事蹟，今就其類分別述之於後。

一、孝仙形象

此類仙傳化蹟乃就爲人熟知之神明仙人，宣揚其成仙前之行孝事蹟，極力賦予孝道之形象，以做爲世俗凡人「身教」之楷模。如對文昌帝君孝仙形象之塑造，可見於《文帝化書》中〈第七寧親化〉及〈第十馴雉化〉的敘述。〈第七寧親化〉言：

> 母氏劬勞歲月深，風寒暑濕久相侵，醫巫胗皆無效，鍼灸攻肌殆不任，剔骨和羹償宿願，吮疽出血本誠心，分明夜聽神仙語，二紀延年表至忱。

余既冠，母氏六旬矣。少時勤於織紝，飲食失時，常致疾疹，逮至
衰暮，重之六氣所淫，遂成疽瘡，舉發於背。始以巫覡祈禱，中更
醫工，砭劑月餘皆不效。予不離臥內，日夕省視，未嘗解衣，而息
計窮矣。乃為吮疽，大出濃血，疾少間。醫曰：「疽根附骨，未易出
也。」越三日，復吮之，忽覺口中充滿，吐而視之，有膜如綿纊，
膿乳如米粒。母氏漸安，而以病久食少，復成羸瘵。醫曰：「此痼疾
以人補人，真補其真，庶可平復。」予因夜中自剔股肉，烹而供之，
忽聞空中語曰：「上天以汝純孝，延爾母二紀之壽。」翼日勿藥，果
符神告。〔註96〕

其侍親疾，衣不解帶，甚且為母吸吮疽膿，進而割股療親，均非常人所及，
也非常符合傳統孝子的形象，而最後其母不藥而愈，並得延壽二紀，更是肯
定了孝感動天的信念。

〈第十馴雉化〉則敘其父母同日雙亡，文昌帝君自持畚鍤，埋葬雙親，
並守喪三年，極盡哀思，而感得白雉一雙來棲於林上，藉以突顯其孝心之誠，
連飛禽都為之感動。其詩云：

天摧地裂情堪擬，荼毒無門救二親，
負土培墳酬怙恃，寢苫枕塊益悲辛，
黃泉路隔嗟何及，白雉情傷亦自馴，
禮制三年心周極，節哀於以率中人。〔註97〕

文昌帝君本以職掌功名而受文人崇奉，經由道教予以道德形象的強化，反而
以孝道神明的形象而普受大眾敬仰，《文帝孝經》的出現，就是依託其名以宣
說道教之孝道理念。《三丰全集·孝行篇》云：「桂宮列楹聯，百行孝為先，
文祖能行孝，馨香萬萬年。」〔註98〕《呂祖詩集》亦曰：「桂林發跡先純孝」
〔註99〕都是就文昌之孝行而加以歌誦。

另外一個以孝著稱的仙人則是蘇耽，南宋陳葆光《三洞群仙錄》卷二引
《蘇仙傳》云：

仙君姓蘇名耽，桂陽郡郴邑人也。生於前漢，幼丁父憂，奉母潘氏
以孝聞，溫清定省，禮無違者，晨羞夕膳，人莫及焉。常感神仙授

〔註96〕同註7，第二十三冊，頁10119。
〔註97〕同註96，頁10120。
〔註98〕同註11。
〔註99〕同註7，頁5535。

以道術，能隱形變化。一旦侍朝飧於母，母曰：「吾思鮓，汝可致之？」曰：「唯。」即捨亡著報食，攜金而去，須臾持鮓而至，母食未畢，得鮓甚喜。母曰：「此去市甚遠，何處得之，其速如此。」答曰：「便縣市中買來。」母曰：「便縣山路危險，去一百二十里，如此之速，汝誑我也。」答曰：「買鮓之時，見舅在便市，語耽曰：『明日來此。』請待舅來，以驗虛實。」翌日，舅果至，乃首說市中相見之事，母始知其非常，乃潛察之，見常持一青竹杖，眾疑之爲神杖也。〔註100〕

一方面強調蘇耽的孝順，故能感得神仙授其道術，一方面則又突顯其道術的神通廣大，一百多里路途，能在須臾之間來去自如，使其母如願以償，得以善盡孝心，是凡人所難企及之處。同書卷四又引《郴江集》云：

蘇眞君耽，母年百餘歲，無疾奄然而逝，鄉人爲立封木，以禮斂葬。是日，群東北隅牛脾山上，有紫雲覆木，瀰漫不散，又若有白馬一足，繫於林間，遂聞山嶺上有號哭之聲，皆云蘇君歸持母服。鄉人競往，即之其草菴前，哭泣之所，基址平坦，有竹兩株，無風自搖，掃其地，終年常淨。三年之後，無復哭聲，白馬亦不復見矣。〔註101〕

此事充滿神奇幻化之色彩，蓋此時蘇耽當已成仙證道，而仍「歸持母服」，顯見其孝心常存，而其藉由紫雲及白馬的出現，以暗喻仙人降臨的詭譎氣氛，哭聲聞於山嶺，突顯蘇仙的哀戚，三年而止，則在於強調傳統儒家守制三年的禮節。由蘇耽孝仙形象的構成，亦可以見出道教企圖說明成仙證道與求禮盡孝並不相違的用心。

屬於淨明道教祖之一的吳猛，則更爲人所熟知，不僅史書載其孝行，仙傳亦多所傳錄，《十二眞君傳》、《西山許眞書八十五化錄》及《孝道吳許二眞君傳》等均載其事，如《西山許眞書八十五化錄‧神烈化》曰：「吳君名猛，字世雲，濮陽人，仕吳爲西安令，因家焉。性至孝，齠齔時，夏月手不驅蚊，懼其去已而噬親也。」〔註102〕其不僅被忠孝爲先的淨明道奉爲教祖之一，由於孝跡感人，亦廣爲傳誦，並且列名二十四孝之一。

〔註100〕見《正統道藏》正一部莚字。
〔註101〕同註100。
〔註102〕見《正統道藏》洞玄部譜錄類虞字。

二、行孝成仙

　　這一類人物最能代表道教神仙信仰與傳統孝道之結合，故不論是歷史人物或民間傳說，往往被道教攬入其神仙系統之中，位列仙班。唐・杜光庭所集之《墉城集仙錄》中有「蠶女」一則，其云：

　　　　蠶女者，乃是房星之精也。……其父爲鄰部所掠，已逾年，唯所乘馬猶在。女念父隔絕，廢飲忘食，其母慰撫之，因告誓於其部之人曰：「有能得父還者，以此女嫁之。」部人雖聞其誓，無能致父還者。馬聞其言，驚躍振迅，絕絆而去。數月，其父乘馬而歸。自此，馬晝夜嘶鳴，不復飲齕。父問其故，母以誓眾之言白之。父曰：「誓於人也，不誓於馬，安有人而配偶非類乎？馬能脫我於難，功亦大矣，所誓之言不可行也。」馬嘶跪愈甚，逮欲害人，父怒，射殺之，曝其皮於庭中，女行過側，馬皮蹶然而起，卷女飛去。旬日，復棲於桑樹之上，女化爲蠶，……父母悔恨，念之不已。一旦，蠶女乘彩雲駕此馬，侍衛數十人，自天而下，謂父母曰：「太上以我孝能致身，心不忘義，授以九宮仙嬪之任，長生矣，無復憶念也。」言訖，沖虛而去。……〔註103〕

蠶女本事出晉・干寶《搜神記》，然無成仙之事，隋・郎茂《隋州邵圖經》記蠶女事則曰：「太上以我身心不忘義，授以九宮仙嬪矣。」僅言其義，而未及其孝。至唐杜光庭《墉城集仙錄》、《太平廣記》卷四七九引《原化傳拾遺》敘蠶女事，皆言「太上以我孝能致身，心不忘義，授以九宮仙嬪之任」，乃強調其孝道的形象。此則故事在《正統道藏》中尚見於《三洞群仙錄》卷九所引《女仙傳》，以及《續道藏》中之《搜神記》卷六「蠶女」條，內容大致相近。

　　蠶女故事本爲民間普遍流傳之傳說，對其崇拜乃認爲其爲蠶的由來，是基於農業經濟的因素，以祈蠶爲目的，而道教對其傳說的利用，更著眼於其孝女形象，藉以宣導行孝成仙的理念。

　　《太平廣記》卷四引《仙傳拾遺》敘陽翁伯事，也是屬於行孝成仙的故事，其云：

　　　　陽翁伯者，盧龍人也，事親以孝，葬父母於無終山，山高八十里，其上無水，翁伯廬於墓側，晝夜號慟，神明感之，出泉於墓側。……

────────────

〔註103〕見《正統道藏》洞神部譜錄類竭字。

> 以白玉與之，令翁伯種之，當生美玉。果生白璧，長二尺者數雙。
> 一日，忽有青童乘虛而至，引翁伯至海上仙山，謂群仙曰：此種玉
> 陽翁伯也，一仙人曰：汝以孝於親，神眞所感，昔以玉種之，汝因
> 能種之，汝當夫婦仙，今此宮即汝他日所居也。……

陽翁伯事親以孝，親死盡哀，乃能遇仙人，得寶物，並感得神眞，毋須修煉而能昇天爲仙，可見孝道在道教成仙信仰的重要性。《三洞群仙錄》卷四亦引《太平廣記》此則故事，而作「楊雍伯」。

道藏本《搜神記》卷六除了前舉「蠶女」故事外，尚收有「馬大仙」、「木蘭」、「曹娥」、「朱娥」以及「二孝女」等孝子孝女的故事。其中馬大仙爲傭身養姑，不畏艱險，遇異人授以仙術，乃得以術善養其姑。死後鄉人立祠，凡禱多應。而木蘭代父西征，曹娥投江尋父尸而亡，均爲歷史上有名的孝女，死後均有祠廟，朱娥則爲救祖媼而被殺，配享於曹娥。四者皆爲民間普遍祭祀之神明，至於二孝女則「行孝成仙」的類型更顯明，其云：

> 孝女唐時人，金谿葛祐女也。邑有銀場，典其事者即祐。銀耗竭，
> 產不能償，二女不忍其父荼毒，赴冶而死，父的釋，場亦爲罷。後
> 有一少年讀書於邑之翠雲寺，時漏下三更，月明雲淡，聞有笙鏞聲
> 來自西北，推戶視之，見祥雲瑞靄，掩映迴環，道從旌蓋，一一如
> 昭儀然。有二女仙端坐其上，少年急避之，二女呼謂之曰：「毋恐，
> 我葛氏女也，上帝嘉我孝行，授以玉清宮正乙之職，今將歷十洲謁
> 王母，善爲我語家人。」少年異之。人爲立廟，最靈應云。〔註104〕

道教廣爲採擷民間傳說，以其流通之廣，賦予神仙色彩，一方面可行教化之功，誘人行孝，一方面亦利宗教信仰傳播之便。

三、孝感遇仙

此類故事多爲孝子遭遇困境，無力解決，乃有仙人出面助其一臂之力。其與「行孝成仙」故事類型之區別在於並無「成仙」之事。如杜光庭《神仙感遇傳》卷一載有孝子楊初之事，言楊初事親以孝行，無力納贍軍錢，「鬻產以充，纔及其半，且夕爲官中追迫，而恐老母爲憂，不敢令其母知」，仙人羅公遠乃化爲村夫，煉鐵爲金，助其脫困〔註105〕。杜光庭《道教靈驗記》卷九

〔註104〕見《續道藏》高字。
〔註105〕見《正統道藏》洞玄部記傳類常字。

亦載此事，而敘事較爲簡略。

　　元‧苗善時《純陽帝君神化妙通紀》〈救孝子母第五十化〉則載桐廬通守沈志眞孝感救母之事，言其母病發於背，百藥無效，志眞祈禱備至，孝忱感得帝君夜往救之，授以神方，其母病遂痊。其曰：

> 桐廬有通守沈志眞，有母病發背，百方不瘥，祈禱備至，孝忱所感，帝君夜往救之，曰：「公至孝感天，命予來救拔，若遲一日，不復可療。」乃授以靈寶膏方。……〔註106〕

又《救趙監院第六十二化》言趙應道事，趙應道病瘵將死，惟心繫年邁雙親，難捨難離，其云：

> 監文思院趙應道病瘵，幾危委頓，泣別親舊：吾死矣，夫閻閭有之物皆捨得，獨鶴髮老親與托奈何。〔註107〕

由於其孝心感動帝君，乃化爲一道人登門授其藥方，治愈其病。二則故事亦見於《呂祖志》卷三。

　　《文帝化書‧第三十四回風化》言劍嶺之南有孝子李轅，日暮時有客投宿其所，見轅烹雞，以爲將以待已，未料李轅乃因其母病起思肉，故以雞奉母，而糙米飯待客，客乃心懷怨懟，順風勢放火燒其居，轅負母而出，仰天號呼，文帝感其孝心，因吹氣回風，令火燒客，解轅之圍，客亦自食惡果。〔註108〕

　　〈第四十殞賊化〉則云漢水之濱有孝婦曰楊靚中，丈夫早逝，姑老而病，人多貪其美色，聘媒灼說親，靚以養姑爲志，誓不改嫁。因家貧，乃爲人縫絍浣濯盡奪其物。事爲文帝知悉，乃遣陰兵執盜，將財物歸還靚中。不僅表達靚中之孝節可表，亦示貪盜難逃天遣，故其詩云：

> 孝婦劬勞爲養姑，冰清一志爲無夫，
> 鉛華不御從人訏，針指爲生乃自娛，
> 禮葬哀深方復祭，愚人白晝輒穿窬，
> 不惟正節蒙神祐，兼示貪殘被鬼誅。〔註109〕

又《第五十二鳳山化》言果山富人王基，五旬無子，妻安氏乃買柳氏女以奉其夫，柳氏果生一子，名曰宜壽。安氏對其子視如己出，卻對柳氏百般凌虐，

〔註106〕見《正統道藏》洞眞部記傳類帝字。
〔註107〕同註106。
〔註108〕同註96，頁10128。
〔註109〕同註96，頁10130。

最後將其趕出家門，柳氏遂流落在外，捃食自養。宜壽成家立業之後，每思其生母，乃四處尋訪，「每遇井邑，觸處徘徊，淹留道途，俄而經歲。宜壽每出行路，哀哭摧毀，日唯一飯，菜米而已。誠動幽明，所至神祇爲之感格。」文帝乃託夢宜壽，指點其母所在之處，母子遂得以於鳳山相聚。〔註110〕

四、孝道源起

道教利用老子「一生二，二生三，三生萬物」的宇宙生成理論，衍化出玄元始三氣的概念，構成了道教仙境的形成方式，如其三清聖境的產生即是，唐・虛安排《道教義樞》卷七引《太眞科》云：「大羅生玄元始三氣，化爲三清天：一曰清微天玉清境，始氣所成；二曰禹餘天上清境，元氣所成；三曰大赤天太清境，玄氣所成。」〔註111〕而道教即利循此玄元始三氣化生的模式，將概念性的孝道予以神格化，創造了三位孝道神明，成爲孝道的起源。《孝道吳許二眞君傳》云：

> 孝道本起兗州剛輔縣高平鄉九原里有一至人姓蘭，不示其名號，曰蘭公。義居百人，同心合德，志行孝行，時感得斗中眞人號孝悌王，即先王之次弟，明王之兄也。孝經云：昔者明王之孝治天下也，斯之謂歟。以蘭公孝道之志，通於神明，遂降示蘭公孝道根本，言先王爲日中王，明王爲月中王。又云先王玄炁爲大道，明王始炁爲至道，孝悌王元炁散爲孝道，此三者起由玄元始炁也。〔註112〕

同書又曰：

> 諶姆即吳中一貞母也，不顯其姓諱，以道德爲事焉。母於吳市中見有一兒，年四五，拱而拜母，求爲義兒，諶姆示之云：你年十五，須侍所生之母，何得棄本逐末，義爲我兒，我若受汝，殊乖禮律矣。兒跪謝而去。後經數月，變其本身，又爲三歲小兒，來於諶姆邊啼號，復無人誌認，諶姆見是嬰孩孤露，心甚愍念，攜抱將歸，……既至成立，供侍諶姆，甘旨有叙，晨昏不虧。諶姆憐之爲求妻室，其兒拱揖出於中庭，白諶姆曰：兒是先王次弟，明王之兄也。我身爲孝悌王，託寄阿母養育，綿歷歲序，欲興孝道，遷延至今。天是我父，地是我母，日是我兄，月是我弟，天上地上唯我獨尊，五色

〔註110〕 同註96，頁 10135～10137。
〔註111〕 見《正統道藏》太平部諸字。
〔註112〕 同註102。

—116—

慶雲覆我一身，何用婦乎。乃拜謝阿母，請將所居之宅開爲孝門，

諶姆慈悲，不違兒意，遂立其住宅名爲黃堂觀。〔註113〕

杜光庭《墉城集仙錄》卷五〈嬰母〉即言諶姆之事，云「嬰母者姓諶氏，字
曰嬰，不知何許人也，西晉之時，丹陽郡黃堂觀居焉。」又說其後因避大唐
宣宗廟諱故號爲諶母〔註114〕。宋・陳葆光《三洞群仙錄》卷一則引《廣記》
言蘭公事，其云「且三才肇分，始於三氣，三氣者乃玉清三天也，吾於上清
托化人間，示陳孝悌之教。」〔註115〕說明其乃依循三清化生之模式而構造孝
道神明之誕生。此外《西山許眞君八十五化錄》之〈黃堂化〉、〈蘭公化〉及
〈諶姆化〉亦均分別言及蘭公及諶姆之事。而淨明教派始祖許遜及吳猛即自
其二人得授孝道之法，乃有了淨明道之興起。

　　孝道源起的仙話，不僅成爲淨明教派的創教起源，藉以抬高其本身之地
位，也表現出道教藉由將倫理基礎的孝道神格化，並置於其神仙譜系之中的
手段，達到與儒家抗衡的目的。故杜光庭《墉城集仙錄》云：「則孝道之法降
自上玄，隆於晉代，豫章之俗，至今行之。」〔註116〕孝順風俗的形成，乃成
了道教教化之功績。

〔註113〕同註102。
〔註114〕同註103。
〔註115〕同註100。
〔註116〕同註103。

第四章 道教孝道文學之特質及與其他文學之關係

第一節 道教孝道文學之特質

　　道教之孝道文學以其宗教的性質,在產生方式、體裁語言及內容方面都有著與其他文學不同的特點,約而言之,蓋有三焉,茲分別論述如下:

一、產生之方式

　　陳國符《道藏源流考》,云:「歷代道書出世,頗多扶乩降筆。又元俞琰席上腐談曰:『又有託古人之名爲之者,如陰君還丹歌、三茅君大道歌、葛仙翁流珠歌、許旌陽醉思仙歌、呂公玄牝歌。』又明清晚出道書,亦多依託古人。」〔註1〕而明清依託古人所造道書,往往透過扶乩降筆的方式,是承道教經書託稱神授的傳統。許地山《扶乩迷信底研究》云:「在中國典籍裡與扶箕有關而最惹人注意底是陶弘景底《眞誥》與《周氏冥通記》。」〔註2〕又云:

　　《眞誥》二十卷底內容最與現代扶箕語意相同底是誥裡底詩與談道底文字。書法不用眞隸,而用行草,是因書寫急遽所致。……《周氏冥通記》是記隱居弟子周子良死後同他底姨母交通底神跡。隱居

〔註1〕見陳國符《道藏源流考》,台北:古亭書屋,1975年3月台一版,頁102~103。

〔註2〕見許地山《扶箕迷信底研究》,台灣商務印書館,1966年7月初版,1986年2月五版,頁7。

　　　　將所記底撰集爲四卷，獻上朝廷，性質也和眞誥相同。《道藏》裡當
　　　　然還有許多是從扶乩一類底方法寫成底，撰集底人不說，也就無從
　　　　知道了。〔註3〕

陶弘景《眞誥》卷二十〈經始末〉云：「伏尋《上清眞經》出世之源，始於晉
哀帝興寧二年太歲甲子，紫虛元君上眞司命南岳魏夫人下降，授弟子瑯瑯王
司徒公府舍人楊某，使作隸字寫出，以傳護軍長史句容許某，并第三息上計
掾某某。」顯見於魏晉時期，道教利用這種方式來構造其經典，蓋「東晉以
來，佛道二教的興盛，需要有大批新的經典傳播其教義。佛教的經典可以向
西域和印度求取，通過翻譯引進中國。而道教的經典則要靠方士假託天神降
授的形式來制作。」〔註4〕爲藉以增加其經書之權威性與神祕性，扶乩降筆是
表現天神降授的最佳方式。鍾肇鵬《扶乩與道經》則認爲「自漢以後讖緯神
學爲道教所吸收，漢代托孔子之言造作讖緯，道教乃承襲其技，把扶乩降筆
作爲造作道經的重要方法之一。」〔註5〕

　　扶乩亦稱扶鸞，因相傳神仙多駕風乘鸞，又稱扶箕，因其多以箕爲工具。
其法爲將一根竹筷插入木製丁字架或簸箕、籮篩之中，兩端用人扶持。施術
者焚香淨手，或持香頭望空書符，或口中喃喃念咒。其法源於古代婦女懸箕
懸帚，視其底端動靜以預占吉凶的卜俗，後才發展爲降筆書寫〔註6〕。民間扶
箕活動則與「紫姑神」信仰密切相關，《古今圖書集成·神異典》卷四十引《異
苑》云：

　　　　世有紫姑女，古來相傳是人妾，爲大婦嫉，死於正月十五夜。後人
　　　　作其形，祭之曰：「子胥不在，曹夫亦去，小姑可出。」捉者覺動，
　　　　是神來矣，以占眾事。胥，婿名也。曹夫，大婦也。

至兩宋時，逐漸演變爲學士文人們有意識的活動，宋·沈括《夢溪筆談》卷
二言及太常博士王綸家迎紫姑仙事，並云：「近歲迎紫姑仙者極多，大率多能
文章歌詩，有極工者，予屢見之。多自稱『蓬萊謫仙』。」宋·孔王仲《孔氏
談乃》卷二及南宋·張世南《游宦紀聞》卷三都述及宋代文人的扶乩活動。
及至明清之際，箕壇遍設各地，明·郎瑛《七修類稿》、清·袁枚《子不語》、

〔註3〕　同註2，頁9～10。
〔註4〕　參見任繼愈《中國道教史》，上海人民出版社，1990年6月，頁123。
〔註5〕　見鍾肇鵬《扶乩與道經》，載《世界宗教研究》，1988年四期，頁12。
〔註6〕　參考王景琳、徐匋編《中國民間信仰風俗辭典》，北京：中國文聯出版公司，
　　　　1992年12月，頁782。

清‧紀昀《閱微草堂筆記》以及清‧長白浩歌子之《螢窗異草》等書均有此
類記載。

　　道教孝道文學中託稱呂帝或張三丰的詩文語錄，有極大部分是以扶乩方
式所產生的，馬曉宏〈呂洞賓著作考略之一〉云：「《道藏輯要》收呂洞賓著
作最爲蕪雜，從斗集至壁集共二十餘卷，多前書所未收入者，必爲乩筆所
得，或後人依托。如詩集中有『示體恕』、『示允誠』之類的詩，定是《呂祖
全書》之後劉體恕、劉允誠扶乩所得。」〔註7〕其〈呂洞賓經誥考〉一文又
云：「《呂祖全書》中所收經誥贊懺，皆爲明清兩朝扶箕降筆。」〔註8〕劉體恕
爲清乾隆間人，劉允誠爲其侄，《呂祖全書》中有「義陵無我子劉體恕匯集，
男劉蔭誠清惠，侄劉允誠清虛同校，沙羨一行子黃誠參訂。」馬曉宏認爲
《呂祖全書》即這些人編於乾隆五年，內容包括宋以來所流傳呂洞賓著作，
及明清降筆作品〔註9〕。而黃兆漢〈從道書的形成看清代文人的宗教生活〉則
認爲《張三丰全集》之作品多爲清代道士李西月等人扶乩所得，其云：「根據
這本詩集（《雲水三集》），他們喜歡箕壇、請箕仙。如白雲菴、雙清閣、軒
然臺、清漪觀、潮陽宮、詩仙院、行雲閣、岳雲樓、吟風館、東坡樓等都是
他們的箕壇所在地。張三丰是他們極尊敬的『仙人』，故此很多時請他降箕賦
詩講道。」〔註10〕又云：「扶箕實在是他們很喜愛的一種活動——或可說爲日
常活動。不僅李西月輩好此活動，其他清代道教人士亦一樣好此活動，大約
與《全集》同時成書的《純陽先生詩集》大部分的內容也是通過扶箕得來
的。」〔註11〕而清代呂洞賓降筆之《涵三語錄》云：「當今乩沙一事，開化者
廣，附和者多。」〔註12〕《呂帝文集序》則云：「我道祖呂慈尊屢奉玉敕，普
度眾生，……說法遍大千，飛鸞遊寰宇，歷壇地以數百千計。」〔註13〕由此
可見當時以呂仙爲主的乩壇所在多有，故以呂洞賓爲名之詩文語錄此時大量

〔註 7〕　見馬曉宏〈《道藏》等諸本所收呂洞賓書目簡注——呂洞賓著作考略之一〉，
　　　　　載《中國道教》，1988 年三期，頁 36。
〔註 8〕　見馬曉宏〈呂洞經誥考——呂洞賓著作考略之四〉，《中國道教》，1989 年二
　　　　　期，頁 42。
〔註 9〕　同註 7，頁 35。
〔註 10〕　見黃兆漢〈從道書的形成看清代文人的宗教生活〉，收入《道教研究論文集》，
　　　　　香港：中文大學出版社，1988 年，頁 103。
〔註 11〕　同註 10。
〔註 12〕　見《道藏輯要》第十三冊，考正出版社，1971 年 7 月，頁 5726。
〔註 13〕　同註 12，頁 5445。

出現。

　　由於扶乩之風的盛行，給予道教人士製作道書提供了極佳的環境與方式，藉此以獲得社會大眾之認同，以利其說之傳播，故《三丰全集‧水石閒談》云：「然乩假術也，自古眞人皆斥爲方士之行，今又何爲降其筆？蓋因近日成風，公卿士庶每多信好其術，神仙以度人覺世爲切，故即借其乩以默相天下人。」〔註14〕除了張丰及呂洞賓的詩文語錄外，《文帝化書》及《東廚司命勸孝文》等作品亦皆是此風氣下之產物。同時因爲文人對此道之熱衷，其作品亦往往針對士人發論，由對文昌孝道形象的強調，及主張行孝可得功名等言論均可見其用心，而道教人士或大夫文人利用此一方式，大量構造神仙詩歌文辭，或勸善經籍，也形成一種集體創作宗教文學的特殊現象。

　　除了扶箕之外，民眾還喜歡到廟宇拜神求籤，也是基於占卜心理，希望藉由此種方式獲得神明指示，解答生活上的疑惑。籤詩之作乃應運而生，其與扶箕作品均屬占卜習俗下的產物。

　　另外一部分孝道文學作品，則是因應道教齋醮科儀之需求而製作的。道教中的黃籙齋、九幽齋、報恩齋及血湖齋等，多以超度先祖先父母爲訴求，在這些儀式進行之中，爲了表達人子之孝思，或對父母生前不孝之罪的懺悔，或冀伸超度先祖父母之誠心，於是孝道文學作品隨之戕出，其中包括駢文體的青詞、儀文等，以及配合道教音樂吟誦之偈頌與庭芳詞、步虛詞等韻文，同時還有韻散相錯之講唱及煉度戲等講唱文。講唱本源於俗講，其先佛教徒在寺院向大眾宣講教義，道教仿其形式，講唱之題材亦有取自佛教故事者，如《目蓮救母》即爲顯例，然其場所則自寺觀之宣講搬演而轉移齋醮法會之場合。事實上，在這些齋醮法會的場合中，人們多懷思親之情，悲悽之心，道教徒於此時宣說父母恩德，勉人行孝，更能符合其心境，發其深情，教化之功遠大於日常之說教。

二、體裁語言

　　道教孝道文學中廣爲運用宗教文學的體裁，包括青詞、偈、頌、贊、咒、以及講唱等。其中青詞爲向天神上章所用，對象是神聖不可侵犯的，所以表現的是莊嚴肅穆的氣氛與心境，故文辭以典雅駢麗，對仗工整爲其特色，是屬於具有較嚴格形式的文學作品，非粗通文墨者所能爲。偈頌贊爲對神明之

歌誦。以五七言爲主，道教用以闡揚孝道，結合宗教信仰之警語，擴展了此類文體的內涵，不再侷限於歌功頌德，同時長篇偈語的出現，也打破了其慣有的簡短形式。另外長篇歌詩的作品也顯示其不受固定句式的自由作風。

咒語爲煉功施法者精誠布道之心聲，具有辟邪禁惡的作用，在運用時往往要和存思、行氣等配合進行。據李遠國〈道教符籙與咒語的初步探討〉一文所云，咒語就語言文字而論，可區分爲顯咒及秘咒二類，顯咒是指人們從字面語言一可以理解的一類咒語，如《遣符咒》云：「天神行符，天道自然。地神行符，殺戮鬼神。自知非眞，莫當吾眞。自知非神，莫當吾神。避者莫傷，當者滅亡，普天之下，匝地之下，隨符前去，顯露眞形，明彰報應。急急如律令。」秘咒則是指從字面語言上難以理解的咒語，多出現於宋元時期，爲修持、施用雷法時常用。如《十六字秘咒》：「唵喇吽唵，喇吽喇吽，唵唵喇唵，唵喇吽吽。」類此的咒語大多仿照佛教密宗咒語的梵音而制，用意在於「使誦者不解其辭，無意義可味，無文思可思，用以撥其孽識，截其知見，欲障除而天心現，眞理出而萬念空。」（《張三丰太極煉丹秘訣》卷三）道教中亦有顯秘並用，相互配合的咒語〔註15〕。《文帝孝經》中的幾首孝道神咒部分是屬於顯咒，亦有顯秘合一者，利用誦念咒語須以精誠心志的原則，使人體念孝道眞諦，是道教孝道文學的特色之一。

羅熾〈道教醮儀頌偈祝咒探賾〉則認爲道教醮儀的贊、頌、祝、咒是源於古祭歌而經由《詩經》而樂府詩一路發展而來，作爲一種文學樣式，它們都是韻文，誦禱的時侯又多配以樂曲，成爲整個醮儀過程的有機組成部分，一方面具有莊嚴道場，增強醮儀肅穆氣氛之作用，一方面則陶冶情操，增強宗教的感化效果，其受正統詩、詞之風影響，然較之正統文學更多一層宗教所特有的浪漫和神秘色彩。〔註16〕

至於化蹟的形式以數十個故事連綴而成，韻散並用，每篇皆標有其目，有詩一首，或置於篇末，或置於篇首，總括故事大意，雖具有小說的形態，卻與筆記小說及話本皆有區別，似介於二者之間。

在講唱文學方面，它吸取了山歌的形式，田仲一成《中國的宗教與戲劇》認爲特別是新作山歌在各種地方戲由正字戲（即中原音戲曲）向白字戲（即

〔註15〕 參見李遠國〈道教符籙與咒語的初步探討〉，《中國道教》，1991 年三期，頁 24～26。

〔註16〕 參見羅熾〈道教醮儀頌偈祝咒探賾〉，《中國道教》，1990 年三期，頁 28～ 32。

方言戲）轉化的過程中，起了重要的作用，其云：「一般說來，正音戲是由以道士禮儀爲母胎的嚴格的形式構成的，曲牌規律井然，而與此相反，出於山歌的白字戲，其形式自由，沒有曲牌的制約。題材上也吸收了山歌的傳統，容易對日常的生活素材進行自由的改論，從而不受古典題材的制約而顯得富有人情味。」〔註17〕而山歌的演唱亦只存留於道士之間，其形式以七言爲主，但也允許變形句的出現，偶數句押韻，不合韻者也很多〔註18〕。持以與道教中的唱本與其相較，大致可反映出其吸收的軌跡與特色。今以粉嶺山歌之部分片段與道教《下席科》〔註19〕中講唱文及《二十四孝歌》比較如下：

粉嶺山歌	《下席科》講唱文	二十四孝歌
王襃聞雷泣母哭， 目蓮救母上天池。 唐氏乳姑行孝義， 漢廷事母藥先知。 黃香扇枕親娘睡， 楊香打虎父身離。 文舉孝親成大貴， 觀音截手與爹醫。 董永賣身來葬父， 天差七姐降麟兒。……〔註20〕	貳拾四孝說古言， 且說丁蘭其目蓮。 孟宗泣竹多生　， 王祥臥冰救母親。 董永賣身葬父母， 郭巨埋兒天賜金。 丁蘭刻木爲父母， 目蓮救母上西天。 百鳥鶯哥行孝順， 參隨觀音去修行。	【梁州序】 聽說行孝原因 （白）虞舜 （唱）虞舜虞舜大孝感動天 （白）漢文帝 （唱）漢文帝仁德流天下 （白）曾參 （唱）曾參曾參骨肉是至親 （白）王祥 （唱）王祥求鯉凍雪臥冰 　　　王祥求鯉凍雪臥冰

《下席科》之講唱本與山歌形式相同，內容相近，顯然有密切之關係，而《二十四孝歌》則仍保有嚴格之曲牌規律，其曲牌包括【梁州序】、【破瓜衢】、【秀停針】、【大還略】及【漁家臥】等。由《二十四孝歌》與《下席科》之對應，可看出道教吸收山歌的痕跡。目前所見道教的唱本，不但有整齊的七句式，並有自由的句式出現，對其素材加以增益與改編，藉由二至三人來對答或對唱，同時也有類於佛教講唱之「開經偈」及韻散並行的形式，表現與眾不同的特色。

在語言文字的運用上，除了青詞之外，大部分的作品因爲是針對一般社

〔註17〕 見日・田仲一成《中國的宗族與戲劇》，上海古籍出版社，1992 年 8 月，頁290。

〔註18〕 同註17，頁272。

〔註19〕 《下席科》爲台灣道教閭山派之科儀，其內容乃爲幼兒祈禳消災，穿插有十月懷胎、二十四孝等講唱，收入《莊林續道藏》小法卷十七。

〔註20〕 引自田仲一成〈中國的宗族與戲劇〉，上海古籍出版社，1992 年 8 月，頁285。

會大眾而作，故以樸實自然，通暢易曉爲其共同的風格，或因應環境之需要
而以方言爲之，顯然宗教文學是以便於流通爲最優先之考量，卻也是其能在
庶民階層廣爲傳播的原因。

三、內　容

　　道教孝道文學保有道教一貫廣造神仙譜系的特色，首先是直接的創造，
此類見於《慈善孝子報恩成道經》及蘭公、諶姆的傳說之中，後爲淨明教派
所吸收，成爲其創教的源起。其藉由玄、元、始三炁之變化成形的觀念，
創造出了三位孝道仙王，統領宇宙萬物，教化天下萬民，形成了孝道倫理的
起源，這是道教對《孝經》中「昔者明王以孝治天下」一語的轉化，充分發
揮了宗教神化的本能及想像，並且藉此以提高道教本身的地位，展現凌越
儒家倫理的企圖心。此外，爲了與佛教相抗衡，也吸收了「目蓮救母」的孝
子典範與情節，造就了「寶相眞人」的孝道神明，成爲掌理血湖地獄的血湖
教主。

　　其次，是對既有神明孝道形象的強化。在既有神明中，包括玄天上帝及
文昌帝君，都是伴隨著信仰盛行的過程，其孝道形象亦日益增高。一方面以
其信仰之深入民心，易於使大眾信服，便於推展孝道，另一方面其道德形象
的強化。使信仰相對更受到支持，可說是相輔相成的。如玄天上帝由北方七
宿演變爲龜蛇形象，乃至於成爲被髮黑衣，仗劍蹈龜蛇的玄武神像，本是屬
於四方護衛神之一，與翊聖、天蓬、天猷合稱「四聖」，其後《玄天上帝說報
父母恩重經》的出現，方確立其爲道教「報恩教主」的形象與地位。元末明
初道士趙宜眞跋中即見有「報恩教主」的稱號，《玄門報孝追薦儀》亦屢加稱
揚，如云「玄帝傳經於玉篋，具述報恩」〔註21〕，也是針對其報恩形象而發，
《韓湘子寶傳》亦曰「眞武祖行孝道鐵杵磨整」〔註22〕，而善書性質的小說
《洞冥寶記》更大加宣揚玄帝「報恩教主」的形象，其第三十二回「赴西天
如來訓釋子，遊北極眞武說報恩」中即云：

　　　　話說昨宵柳眞君於回壇時，曾說及今宵要遊西天竺雷音寺，面謁世
　　　　尊。並要到北極眞武宮，謁見報恩報主。……祇因釋迦如來世尊，
　　　　並報恩教主，這兩位聖人，俱是由行孝證果登眞。試看世間有兩

〔註21〕見《正統道藏》洞玄部威儀類壹字。
〔註22〕見《韓湘子寶傳》第七回，聖賢雜誌社，1983 年 10 月再版，頁 61。

部最好的經書，一爲釋迦如來報恩經，一爲北極眞武玄天上帝報
恩經。

將玄天上帝與如來行孝相提並論，顯見其在道教的孝道形象甚爲明確。

　　至於文昌本屬職司功名的神明，然《文帝孝經》的出現，說明其漸被塑
造成宣揚孝道的形象。《文帝化書》更著重描述其孝行孝跡，把文昌塑造成一
位孝道神明，張之洞等人將其事跡列入《百孝圖》之中，證明其孝道神明的
形象已被普遍的接受。此外，大量依託呂洞賓的作品產生，內容亦多教忠教
孝之主旨者，其中見有《文昌孝經序》，亦對文昌帝君之孝道大加推崇。

　　由於道教極力宣揚行孝可以證道成仙的思想，爲了加強其論點的說服
力，乃將歷代以孝行著稱的人物引進神仙譜系之中，這包括了民間的傳說人
物，如蠶女、馬大仙及二孝女等。有的則是歷史上傳頌的孝子，如《呂祖全
書・孝語》卷上就將二十四孝增益至三十六孝，全部位列仙班成了至孝神明，
並分別撰詞加以讚詠。茲迻錄其詞如下：

　　志心皈命禮　凡一拜

　　仁讓公泰伯至孝神

　　　被髮文身，曲體其親，荊蠻開國，篤生聖人。

　　恭恪公申生至孝神

　　　東山師，金玦偏衣不用辭二五耦，晉室悲，君安驪姬死無時。

　　異節公伯奇至孝神

　　　伯勞伯勞，飛在山之麓，思親不見終朝哭，勸世人妻莫輕績。

　　誠一公曾子至孝神

　　　心與親同，嚙指而通，羊棗與思自不窮，孟曰養志幾代家風。

　　男感公子路至孝神

　　　白雲悠悠，雙親莫留，累茵列鼎往南遊，負米當年何處求。

　　誠感公閔子至孝神

　　　母在兒寒，母去兒單，二子單，何如一子寒，至言動父古云難。

　　純謹公高子皋至孝神

　　　執親喪，泣血三年斷人腸，哀日深，笑日忘，思親常在白雲鄉。

　　純感公穎考叔至孝神

　　　小人有母，未嘗君羹，君有母，悔誓黃泉何日迎，洩洩融融天性
　　　明，愛母及君純孝聲。

謹恪公樂正子春至孝神

　　師訓心頭錄，全體還親腹，傷其足，不出屋，孝子心，恭而肅。

漢太宗孝文帝至孝神

　　孝事親，德化民，諡曰文，一聖君。

誠毅女緹縈至孝神

　　妾父廉平，死者不可復生，願入宮庭除父刑，生男莫重，生女莫輕，上書救父令人驚。

順惠女桓少君至孝神

　　脫郤綺羅換布裳，鹿車共挽去歸鄉，拜姑禮畢忙提甕，愧殺當時紅粉妝。

堅節女陳孝婦至孝神

　　青年十六，夫死養姑勤紡軸，丹書來屋，黃金盈簏，孝婦名，千古錄。

清簡公茅容至孝神

　　避雨無心結友生，一經衡品便成名，廚下宰雞聲，堂前動客情，供母延賓孝子行，厚薄自分明。

仁感公薛包至孝神

　　後妻續前兒逐，里門舍外宿，灑掃堂前父怒生，思親不得晨昏哭，晨昏哭，親心非槁木。

義隱公王裒至孝神

　　讀蓼莪，廢蓼莪，墳前枯痕多三徵七辟，我心則那，手無斧柯，奈彼晉何。

誠感公陸績至孝神

　　橘花香，橘子黃，思親一食未能忘，七歲兒郎，袖中懷得滿庭霜。

誠懿公江革至孝神

　　孝子莫愁貧，行傭可養親，孝子莫愁賊，誠至動凶人。

順感公王祥至孝神

　　天上雀飛，水內魚肥，解冰入幕動慈闈。

敬懿公孟宗至孝神

　　綠竹綠竹，孝子何須哭，勁節虛心感應速。

雍穆公王延至孝神

　　西風寒，短衣單，貧自貧分親自安。

誠悅女唐夫人至孝神

　　堂上乳姑愈固，有子有孫如新婦，孝敬相傳高崔戶。

文敬公庾黔妻至孝神

　　到縣未旬，身係官分心繫親，嘗糞心驚，稽顙北辰，這孝子，天性純。

文懿公何子平至孝神

　　情事未伸，天地一罪人，茅屋何須覆己身。

誠敬公韓伯俞至孝神

　　年年此杖須著肉，今年此杖須痛哭，親力不復親力不復，恐衰顏，韶光迅速。

誠感公董永至孝神

　　人間孝子室長貧，室長貧，風雨蕭蕭不葬親，仙姬特遣下紅塵，不是真，又是真。

誠悅老萊子至孝神

　　身上衣，五色斑，嬰兒啼，悅親顏，悅親顏，採藥何須煉九還。

肅穆公丁蘭至孝神

　　刻木為容如親復，朝朝禮拜誠而肅，眼中流血親何哭，這頑妻，宜逐宜逐。

勇感女盧氏至孝神

　　冒白刃，護姑身，有仁義，始稱人。

恭肅公黃香至孝神

　　冬溫夏清，不忝所生。

節孝公徐積至孝神

　　孝自天生，舉足心驚，終身不踐石，徐行。

誠愍公朱壽昌至孝神

　　母子相離五十春，棄官流涕入西秦，同州得見親。

至感公郭巨至孝神

　　供母不足，懷中兒哭，嬌兒反分慈母肉，埋在荒山麓，天賜黃堪一斛。

靈保公姜詩至孝神

　躍鯉湧泉，至孝動天。

誠謹公毛義至孝神

　萬事可續，親年不復，捧檄心歡，親去何如親在食君祿。

忍毅公張公藝至孝神

　九族九族，五百年前共親腹，忍字足，親親睦。〔註23〕

　　道教仙傳化蹟中多有神仙以法術變化，以度孝子成仙，或爲其紓困解厄的故事，與元雜劇中大量神仙道化劇具有相同的幻化特色，所不同者，神仙道化劇多以出家棄俗爲主旨，化蹟則肯定家庭倫理的可貴，蓋「化蹟」乃包含「變化」與「教化」二義，《梓潼帝君化書》序云：「化有二理，有變化之化，有教化之化。自無入有，自昔至今，以幼壯爲老死，以老死爲嬰稚，此變化之化也。三綱五常，是非邪正，上以風動其下，下以獻替其上，此教化之化也。」〔註24〕藉此體現道教神仙信仰與孝道等倫理結合的特質。

　　此外道教認爲一子得道則九祖升天，故而以修道煉眞爲孝道之最終實踐，是揚名顯親的最佳方式，亦是孝道與神仙信仰結合的另一種表現，在道教孝道文學作品中獲得普遍的宣揚。

第二節　道教孝道文學與其他文學之關係

　　蒲亨強在《道教與中國傳統音樂》一書中認爲，道樂在發展過程中受民歌影響固爲事實，然推溯道樂之源早在唐代以前即已形成具特色的音樂藝術體系，它在繼續和民歌、民間音樂文化交流接觸的過程中，也不斷地以其獨特的藝術構思和表現技巧對民歌產生相對的反作用、反影響。在某些地區，特別是交通梗阻的封閉山鄉，道教和歌師，道曲和民歌往往融爲一體〔註25〕。其分析道樂與民歌相互影響的情況云：

1. 從地域角度看，凡道教勢力，影響較大的地區，特別是鄰近道教聖地，著名宮觀叢林的地域，道教音樂對民歌的影響就往往頗大，反之，民歌對道樂的影響就會較多一些。

〔註23〕見《藏外道書》第七冊，巴蜀書社，1992 年 8 月，頁 193～196。

〔註24〕見《正統道藏》洞眞部譜錄類騰字。

〔註25〕參見蒲亨強《道教與中國傳統音樂》，台北：文津出版社，1993 年 3 月，頁 392。

2. 從道派角度看，宮觀道受民歌影響較小，而家居道則更多接受民歌的某些因素，這與兩大流派接近民眾的緊密程度直接相關。

3. 從相互影響的各種成分上看，民歌較多利用道教的觀念、儀式和經文等成份，而接受道教音樂形式的情況較少見；相反，道教（主要是家居道）歌曲則較多利用民歌的音樂形式因素，在儀式、觀念、歌詞上卻保留道教自己的特點，受民歌影響頗微。〔註 26〕

由於道教多吸收民歌的音樂形式，故田仲一成先生認為民歌之一的山歌在正字戲向白字戲發展過程中扮演著重要角色〔註 27〕，此由各地方道士在法事中演唱之戲劇即可見一斑。

從以下所舉的道教孝道文學例子中即可窺見其與民歌之密切關係，如湖北荊州地區道歌《破血湖池》之歌詞云：

鶴鳴山中寶相真，報答娘親養育恩。
十月懷胎娘受苦，三年乳哺母艱辛。
養子一生無報苦，發心齊我禮血盆。
新故慈母開淨土，過去宗祖早超升。〔註 28〕

其內容在感懷母親養育深恩，冀其超升天堂，展現道教孝道思想，寶相救母的故事見於《廣成儀制血湖大齋科品全集》。其音樂形成則是利用監利縣民歌之曲調，具有相同之音調結構及旋法，是當地道士利用民間歌調來演法〔註 29〕。湖北崇陽縣道士所唱之《思親》孝歌則以七字句，按民歌中慣用五更及四季排序的形成道出了對娘親的思念：

一更思念我娘親，念娘一片慈母心，
不打兒來不成人，打在兒身痛娘心。
二更思念我娘親，我娘送我讀書文，
吃草吞糠把錢攢，為兒讀書賣衣裙。
三更思念我娘親，窮扒苦做一世人，
日裡上山鋤棉草，夜裡紡紗半夜深。
四更思念我娘親，時時把兒掛在心，

〔註 26〕 同註 25，頁 414。
〔註 27〕 同註 17，頁 290。
〔註 28〕 同註 25，頁 413。
〔註 29〕 同註 28。

　　兒在外面住一夜，耿耿不寐到天明。

　　五更思念我娘親，為我立業創家庭，

　　各項事業安排安，絲毫不要兒擔心。

　　春時思親桃花落，夏時思親藕花紅，

　　秋時思親霜如雪，冬時思親早逢春。

　　千思萬念無蹤影，一哭萬哭一場空，

　　欠下娘親恩沒報，今世成了不孝人。

　　眼淚汪汪拿起筆，硬著喉嚨寫歌文，

　　唱得河水奏哀曲，唱得松竹淚淋淋。〔註30〕

敘事寫情皆情真意切而哀婉動人，與民歌之直抒胸臆無別，故劉守華先生說：「在這類歌手身上，道教文化與民間藝術的彼此交流融會，是不言而喻的事，很難將兩者截然劃分開來。」〔註31〕廣西省羅城縣則民歌與道樂結合之【師公調】《十勸人》，勸人行善去惡，以孝為首務，其云：

　　頭一句，講你聽，莫把父母當閒人。十月懷胎娘辛苦，養兒成人父

　　母恩。哪個虐待親父母，蠢如牛馬枉作人。勸後生，不敬父母敬何

　　人？〔註32〕

民間道士為亡人超度做道場時，往往會宣唱《十月懷胎經》，如《莊林續道藏》中之《下席科》、《過橋科》及法人施博爾藏之台灣道教文獻，皆保存有台灣道士所用以唱念之經文歌詞，而湖北荊州監利縣之渡亡道歌及江凌縣之道士歌曲亦皆有《十月懷胎》〔註33〕，顯見其為道教儀式宣揚孝道倫理之重要作品之一。在民間歌謠中也多有歌唱十月懷胎者，可以看出道歌與民歌在內容上的共通性。如廣西省羅城縣之勸世歌《巴望世人把心修》，敘述十月懷胎之情形及父母養子辛勤，並及於兄弟、夫妻及婆媳之倫理關係，內涵及次序與《十月懷胎經》之前半部大體一致〔註34〕，而賓陽縣山歌《十月懷胎》及融水縣山歌《養兒莫忘報娘》等，均是描述十月懷胎勞苦之歌謠，如《十月懷

〔註30〕引自劉守華《道教與中國民間文學》，台北：文津出版社，1991 年 12 月，頁 270～271。

〔註31〕同註 30，頁 271。

〔註32〕見《中國歌謠集成・廣西卷》，北京：中國社會科學出版社，1992 年 7 月，頁 1194。

〔註33〕同註 25，頁 408。

〔註34〕同註 32，頁 1190～1194。

胎》云：

> 為兒為女打冤家，無兒無女坐蓮花。有瑲在身一個月，吃少嫌多算
> 是娜；菜飯上台不想吃，一心想吃米花茶。有瑲在身兩個月，頭重
> 腳輕神氣差；一到飯餐嘴又淡，眼見酸味手便抓。〔註35〕

《養兒莫忘報娘恩》則曰：

> 一月懷胎在娘身，母親身上并無形；無蹤無影不見面，好比露水怎
> 知因。二月懷胎暗朦朧，孩兒肚內正有形；腹內有形怎知道，恰似
> 母雞把雞蟲。〔註36〕

雖然因應各地風俗語言之差異而有不同的文字表現，然就其內涵而言則是相
同的。其對不孝者的勸誡，體現因果循環的觀念，則與道教文獻運用了相同
的文詞：

道教文獻	孝順還生孝順子， 忤逆還生忤逆男， 不信但看簷前水， 點點滴得不差移。 （廣成儀制十王大齋右案全集）	孝順便生孝順子， 不孝還生忤逆兒， 不信但看簷點水， 點點落地無差移。 （下席科）	孝順凡生孝順子， 不孝凡生忤逆兒， 道友那是不信， 但看雨來燈前水， 點點落地無差移。 （過橋科）
勸世歌	咦唷乳…… 忤逆還生忤逆人， 孝順還生孝順子， 不信但看簷前水， 點點落地不離分。（休忘父養育恩）	今日你做人兒女，日後也做人爹媽， 廊檐滴水滴對滴，父行子效不會差。 忤逆人生忤逆子，孝順兒生孝順兒， 兒不孝你你心痛，你不孝老就要得。 （巴望世人把心修）〔註37〕	

　　台灣客家山歌《勸世文》之歌詞，與台灣道教之《懷胎歌》、《十月懷胎
經》內容文詞更為接近，今取二者之部份歌詞對照如下：

道教文獻	客家山歌
一月日懷胎如露水， 二月日懷胎心汒汒， 三月日懷胎成人影， 四月日懷胎結成人， 五月日懷胎分男女， 六月日懷胎根成全，	正月懷胎如露水， 二月懷胎心茫茫， 三月懷胎見人影， 四月懷胎結成人， 五月懷胎分男女， 六月懷胎六根全，

〔註35〕同註32，頁564。據原書註釋，瑲讀nong，方言，肚內嬰兒。娜，方言，母
　　　　親。
〔註36〕同註32，頁313。
〔註37〕同註32，頁1190。

七月日懷胎分七孔， 八月日懷胎長如山， 九月日懷胎如員轉， 十月日懷胎脫出娘身， 但看懷胎十月滿， 分娘一時娘禮叫千難， 娘身腹痛如刀割， 割娘腸肚間痛娘心肝。 任公功功庭香去下願， 求神拜佛祖生于（子）保平安。 是男是女早來出世， 勉得娘親受苦躬磨。（施博爾藏《懷胎歌》）	七月懷胎分七孔， 八月懷胎重如山， 九月懷胎翻翻轉， 十月懷胎離娘身， 懷胎全望十月足， 早日好來得輕身， 是男是女就分明， 知得養兒多享苦， 男女老幼愛記心。
生男不知娘干苦， 養女正知娘親下干艱。（施博爾藏《懷胎歌》） 忤逆父母大不孝， 雷公打死十二路頭； 忤逆父母大不義， 雷公打死煞滅屍。（過橋科） 有孝凡生孝順子， 不孝凡生不孝兒， 不信但看雨來燈前水， 點點落地無差移。（過橋科）	生男唔知娘辛苦， 養女正知，娘難當， 少年唔知行孝順， 日後自己還愛做人老爺娘， 不信你看屋簷水點點落在對中央， 孝順生有孝順子， 忤逆不孝天不容， 雷打火燒半途中。〔註38〕

由此上之對照更可看出，在相同的環境語言之下，道教孝道文學與民間歌謠之間，不論形式或內容都具有相當密切的關係。另外客家民謠中尚有由道士所唱之《拜血盆》，亦以七字為主，內容文辭與台灣道教孝道文獻大體一致，其詞曰：

> 十月懷孕在娘胎，食娘血脈養身來，高堂父母唔敬奉，借問身從何處來？父母不親誰人親，父母不敬敬何人，父母便是生身佛，何必靈山拜世尊。娘眠濕跡子眼乾，洗衣換裳受風寒。正二三月落霜雪，娘在河唇洗衣裳，腳冷跳起舉上企，手冷縮轉袖中藏，十個腳趾都凍破，十指尖尖口裡嘗，一日食娘三次乳，三日食娘九度漿。點點食著娘身血，娘今老來苦難當，孝順還生孝順子，忤逆還生忤逆兒。不信但看簷前影，點點落地無差池。謝天謝地謝三光，風調雨訓謝龍王。麻衣三年成服制，慎終追遠往西方。父母思量子女好似長江水，子女思量父母都無一寸長。為人莫做女兒身，做到女兒甚艱辛。

〔註38〕引自賴碧霞《台灣客家山歌》，台北：百科文化事業公司，1983 年 1 月，頁51。

養男不知娘辛苦，養女就來拜血盆。不信但看深山桃李樹，花謝花開能有幾時紅。靈雞才報三更鼓，翻身不意五更鐘。目蓮等著去尋娘，不知流落在何方？渺渺茫茫遊地府，尋娘不見轉原鄉，若得母子重相合，師恩展世不敢忘。〔註39〕

福建莆田道士在「破血湖」科儀中，亦有宣唱十月懷胎之歌詞，其內容為：

《白文》

說山便說山乾坤，說水便說水根源，說兒便說兒根底，說子便說子來因，十月日懷胎娘身苦，三年乳哺娘受虧。

（唱）

一月懷胎如露小，如露小，不知是有或是無，或是無。

二月懷胎如片血，如片血，如同花蕊亦未開，亦未開。

三月懷胎做血丸，做血丸，恰似蓮花水面浮，水面浮。

四月懷胎漸漸深，漸漸深，育日辛苦墜娘身，墜娘身。

五月懷胎分男女，分男女，分男分女分四肢，分四肢。

六月懷胎六根全，六根全，陰陽造化定現成，定現成。

七月懷胎分七孔，分七孔，娘娘懷胎身動時，身動時。

八月懷胎重如山，重如山，行也不正坐不安，坐不安。

九月懷胎娘心慈，娘心慈，把娘心頭墜娘腰，墜娘腰。

十月懷胎將分娩，將分娩，只恐產難損娘身，損娘身。

觀音接引彌陀殿，彌陀殿，勢至迎歸極樂天，極樂天。〔註40〕

由最後一句唱詞可知其受到佛教信仰之影響，表現民間佛道混淆的特色，而其形式則與民間歌謠相關，田仲一成云：「上列歌詞，倣體於民間歌謠裡所常見的排比辦法，比如【五更天】、【四季調】、【十二月長工】等等，很容易入俗耳。莆田道士，在表演科儀時，一定注意到民間形式，把正式的科儀改變到一種通俗化的形式。」〔註41〕凡此皆顯出道教孝道文學與民間歌謠相互影響，彼此吸收融合的情形。

道教中宣揚父母恩德之作品，不僅形式及內容與民間歌謠具有其共通

〔註39〕引自鄭師阿財《敦煌孝道文學研究》，台北：石門圖書公司，1983年1月，頁51。

〔註40〕引自田仲一成《道教儀禮與祀神戲劇之間的關係》，《國際道教科儀及音樂研討會論文集》，香港圓玄學院，1989年，頁161。

〔註41〕同註40。

性，在寶卷中也可找到互相流通之語言，如常州西門寶賢堂書坊版之《花名寶卷》，以每一種花名爲開端，七言韻文，宣揚家庭倫理及勸人行善去惡，其中勸孝部分之文詞即與道教孝道文學相類，如云：

> 茶花開來早逢春，媳婦賢良敬大人，但望公婆年千歲，門前大樹好遮陰。孝順公婆爲第一，自己也有做婆身，若然不把公婆敬，生男育女也虛文。在生買點爺娘吃，靈前祭桌是虛文，爺娘就是靈山佛，何用靈山拜世尊。一心只管行孝道，皇天不負孝心人。

> 杏花開來是春分，孝順男女敬雙親。孝順還生孝順子，忤逆還生忤逆人，不信但看簷前水，點點滴滴不差分。孟宗哭竹冬生筍，王祥求鯉臥寒冰，百里負米仲子路，壽昌萬里去尋親。……〔註42〕

在道教的寶卷中，有宣演呂洞賓度脫何仙姑出家修道之《何仙姑寶卷》，其中有何仙姑感念父母養育之詞，不僅描詳盡，且包含道教成仙行孝之理念。如民國七年蘭州曹家廳新會館存版之《何仙姑寶卷》中，說到報父母恩之方法云：

> 十月懷胎娘受困，手提四兩沈千斤；三年乳哺娘辛苦，移乾就濕換衣襟；洗屎洗尿忙不停，餵茶餵飯更勞神；一歲兩歲抱懷中，四歲五歲跟娘行；六歲七歲稍懂事，又請先生教書經。一要錢來二操心，教我識字懂禮性；如何答報父母恩，功滿果圓度雙親！一子成道超宗親，九玄七祖齊超升；同作龍華會上客，爹爹應當放我行。
>
> 〔註43〕

而其述母親懷胎養育，長篇舖敍，可謂刻劃入微，今迻錄如下：

> 何姑娘，見母親，淚如雨點，把懷胎，養育恩，細講一番；
> 子女們，將父母，贊頌揚嘆，想起了，懷胎苦，珠淚不乾；
> 人生在，紅塵地，孝心缺欠，那一個，將父母，常記心間？
> 正月間，在母腹，無根可連，才結顆，露水珠，懷在裡面；
> 半月陽，半月陰，太極分判，生崑崙，長鬢眉，南無先天；
> 長眼耳，和鼻甘，四相齊全，會呼吸，分清濁，腎長後天；

〔註42〕　見胡德編《滬諺外編》，台北：天一出版社，1973 年 1 月初版，1974 年 11 月再版，上卷頁 92。

〔註43〕　見段平纂集《河西寶卷選》下冊，台北：新文豐出版社，1992 年 3 月，頁805。

兩月半，生毛髮，我母悶倦：那口中，沒滋味，反胃少餐：
就只想，桃李杏，常覺口淡：滿臉上，就如同，黃土一般：
坐在那，少精神，瞌睡懶散，每一日，用三餐，頓頓困難。
到三月，長上了，心肺肝膽，生五臟，合六腑，我母不安。
時常喊，肚子痛，呻吟呼喚，我的母，步步路，行走艱難：
好像那，害大病，斷了茶飯，把我母，只拖得，骨瘦肉乾。
懷四月，是肉團，把心緊連，在母體，就如同，肉塊一般：
我的娘，活路多，愁難煮飯，晝夜裡，身不空，抱在懷間：
無錢的，懷兒女，沒人替換，有錢人，懷兒女，照樣作難。
懷五月，長腳手，五行分判，臭皮囊，又發出，四大名山：
我的母，出門去，或後門坎，走快了，腳手重，只怕倒絆：
就只有，苦坐在，床前炕邊，怕的是，驚胎兒，肚內不安。
懷六月，五行全，指拇分辦，天數五，地數五，五行齊全：
白目裡，懷腹中，續麻紡線，到晚來，睡炕上，難把身翻。
懷七月，成骨節，人形初現，周身上，都長成，人的骨盤：
我的娘，懷肚中，重如泰山，只累得，整日裡，坐立不安。
懷九月，在母腹，快要分娩，每日裡，暗思想，晝夜不安：
娘有心，到外面，去吃早飯，怕的是，回屋內，步履維艱：
時刻是，怕兒女，臨時遭難，暗地裡，許下願，唱戲三天。
懷十月，時辰到，功成圓滿，娘肚裡，就好像，貓抓一般：
前三天，發作了，語不多嘆，就只有，緊緊地，咬緊牙關：
時候到，嬰兒降，臨盆生產，娘的命，就到了，鬼門關前：
落下地，撿起來，男女分辦，洗乾淨，包上炕，抱在懷間：
生世來，一尺五，線未帶點，全靠得，我的娘，做上衣衫。
每日裡，娘餵奶，常換尿片，洗屎尿，烘衣衫，樣樣耐煩：
若長到，五個月，能吃菜飯，好吃的，先餵到，兒女口邊。
做鞋襪，縫花衣，手忙腳亂，每日裡，都把兒，抱在懷間。
每一頓，吃飯時，無人替換，就只得，抱懷中，冷飯冷餐。
等長到，一歲了，可以立站，把母親，歡喜得，笑上眉尖。
兩三歲，能行走，父母經管，時刻間，都提防，水邊火邊：
四五歲，離腳手，才不餵飯，娘紡線，為兒女，多做衣衫，

　　六七歲，兒女們，舌尖會辯，八九歲，進學堂，學讀聖賢。

　　長大了，又操心，成對作伴，為父母，替兒女，操爛心肝。

　　何姑娘，把懷胎，表說一遍，你看那，父母苦，痛滿心田；

　　這回書，說到，此這裡落點，你再聽，下一回，顯道根源。〔註44〕

八仙信仰在民間的普遍流行，也成了道教用以宣揚孝道的最佳代言人，除了前言之何仙姑和呂洞賓之外，在小說《韓湘子傳》中也可得見一二，如第四回云：

　　竇氏道：「汝若依從我的說話，就是孝順孩兒，保汝早登黃中，封妻蔭子，也不枉了伯伯姆姆，生你一場，若不聽我的言語，你就去修行辦道，也是忤逆子了。只怕天上，沒有一個忤逆神仙，從古說得好：孝順還生孝順子，忤逆還生忤逆兒，若能孝悌兼忠信，何須天上步瑤池。」

寶卷《韓湘子寶傳》第七回亦曰：

　　我兒不念我撫你，也念你娘生你恩，

　　十月懷胎多辛苦，三年乳哺費娘心，

　　自古神仙是大孝，不孝神仙未曾聞，

　　事孰為大事親天，天道要從人道行。

其與《何仙姑寶卷》一樣透露了世俗行孝與出家修道的衝突，而欲藉由何仙姑或韓湘子證道成仙，以使其父母或伯嬸同列仙班之故事，說明道教成仙乃超越世俗孝道之更高層次的報恩方法，如寶卷《韓湘子寶傳》第五回有云：

　　湘子即將山門緊閉，想起叔嬸之恩，兩淚交流，說道：我在粉壁牆上題時一首，待叔父來觀看，以表孝心，詩曰：

　　　幼年不幸喪雙親　　多虧叔嬸撫成人

　　　待等侄兒功圓滿　　來度叔嬸上天庭

除此外，在這些作品中，總也不忘歌頌父母恩德，《何仙姑寶卷》，如此《韓湘子傳》亦然，如其第十一回即云：

　　湘子輕敲漁鼓，緩拍簡板，唱浪淘沙道：

　　　生我離娘胎，鐵樹花開，移乾就濕在娘懷，不是神天來庇佑，怎得成孩。

此與道教《過橋科儀》中所唱相類，其云：

〔註44〕同註43，頁868～872。

生我離娘胎，鐵樹花開，皆將一條命送終來，仰答天神口，福佑得
此人在。

一詠移乾就濕恩，一敘臨產苦難狀，雖然字句並不一致，不過應屬同一類型
之作品。《韓湘子寶傳》第七回亦有宣唱十月懷胎之勞苦者，如云：

道人便將懷胎苦，從頭一二敘分明：
一月懷胎說根生，說起根生有來因，
父情母意恩德重，恍惚杳冥精血凝，
精血凝就無極竅，形如立天一般論，
神仙若有思凡意，靈性投入在娘身，
我娘不知其中意，還說為甚受昏沉。
二月懷胎在良身，太極立地把天存，
無中生有不方便，我娘纔知生了根，
三天不得兩天爽，坐在房中懶動身，
思想東園桃李吃，又想美味五辛葷，
有錢之家般般有，無錢之家枉費神。
三月懷胎在娘身，天地三才始生成，
我娘只為兒和女，受苦不便對人云，
三餐茶飯不想吃，面黃肌瘦少精神。
縱有活計勉強做，提起線來掉了針，
千思百慮無其奈，悶悶懨懨過時春。

另外藉八仙人物唱漁鼓詞以勸孝之作品，也見於善書性質的小說《蟠桃宴記》
卷五第二十五回，其云：

鍾祖曰：「今宵座列八席，席上□果八盤，正合八德之數，我就先拿
孝字來歌罷了。」乃持漁鼓，藜藜拍起，國舅敲檀板，韓全真吹響
洞簫，呂祖品來玉笛，琴高、稽叔夜鼓動五絃琴，王喬吹動玉笙，
座上各仙，各出法器，敲動起來，十分清雅，音澈雲衢。鍾祖歌
曰：

敲漁鼓，孝德歌，人生惟此德巍峨。百行萬善從茲出，地義天經
永不磨，旋乾轉坤有能力，光輝日月壯山河。凡為人子皆要孝，
熟讀南陔誦蓼莪。親恩罔極何能報，我今追念淚如梭。兒身長大
爺娘老，春暉愛日餘幾何，趁日早孝莫蹉跎。懽承菽水烏私報，

服勞奉養要溫和。殺身還是爺娘肉，旨甘如有缺，何以對心窩？堂上二尊佛，常令笑呵呵，不須遠道朝山拜彌陀。勸世人，細研磨，此身來何自，莫厭老婆婆。龍鍾白髮爲誰老？精神氣血爲誰磨？養兒爲防老，兒長親顄跎，奄嵫日落婆婆，報恩時尚有幾多，風木興悲空有恨，椎牛祭墓只嘍囉。行孝好，莫作魔，無親非孝語眞訛。快修倫紀行大道，子養親分弟敬哥，親親長長休風播，何愁外禍？那畏風波！歌罷數聲仰天嘯，漁鼓**磺磺**。

在另一善書小說《洞冥寶記》中，則推崇玄天上帝證道報恩之孝行，其卷九即載有《玄天上帝報恩教主勸人宜行大孝報答雙親文》，文中感念父母之恩云：

> 溯母氏十月懷胎，迄於生我，三年乳哺，襁褓提攜，慮痘疹，防其關煞，憂其疾病，父母之心，焦勞極矣，精力瘁矣，此境此情，夫人知之，無待吾帝之贅言也。獨自成童以後，爲父母者，又教誨我，媚娶我，衣食我，基業詒謀我，處心積慮，百計經營，網羅而不顧，負罪咎而不恤，果何爲哉，爲子計也。

而言報恩之法時，則宣揚證道成仙之信仰，其云：

> 然則將何以報乎？曰：是有術在。其術維何，曰：行大孝是已。……吾帝當年行孝，早見及此，守經達權，不拘形跡，卒如所願，度脫二親，榮受襃封，長享極樂。所有事實，具載報恩經篇，普願天下之爲子者，日誦吾經，能學吾帝焉可。

道教中另一個具有孝仙形象的許遜之事蹟，其中包含了蘭公行孝之傳說及道教創造之孝教明王及孝悌王等孝道神明，而這些故事也融入了其他文學作品之中，如馮夢龍《警世通言》第四十卷〈旌陽宮鐵樹鎮妖〉，其中即融攝了道教這些孝道傳說。其中云：

> 斗中一仙，乃孝悌王姓衛名弘康字伯沖，出曰：「某觀下凡有蘭期者，素行不疚，兼有仙風道骨，可傳以妙道。更令付此道與女眞諶姆，諶母付此道於許遜。口口相承，心心相契，日使他日眞仙有所傳授，江西不致沉沒，諸仙以爲何如？」老君：「善哉，善哉。」

又敘孝悌王授蘭公道法云：

> 蘭公觀其仙家道氣，慌忙下階迎接，分賓坐定。茶畢，遂問：「仙翁高姓貴名？」答曰：「吾乃斗中之仙，孝悌王是也。自上清下降，

遨遊人間，久聞先生精修孝行，故此相訪。」蘭公聞言，即低頭
拜曰：「貧老凡骨，勉強孝行，止可淑一身，不能率四海，有何功
德，感動仙靈。」孝悌王遂以手扶起蘭公曰：「居！吾語汝孝悌之
旨。」蘭公欠身起曰：「願聽指教！」孝悌王曰：「始炁爲大道於日
中，是爲『孝仙王』。元炁爲至道於月中，是爲『孝道明王』。玄炁
爲孝道於斗中，是爲『孝悌王』。夫孝至於天，日月爲之明；孝至於
地，萬物爲之生；孝至於民，王道爲之成。是故舜文至孝，鳳凰來
翔。姜詩王祥，得魚奉母。即此論之，上自天子，下至庶人，孝道
所至，異類皆應。先生修養三世，行滿成，當得元炁於月中，而爲
孝道明王。四百年後，晉代有一眞仙許遜出世，傳吾孝道之宗，是
爲眾仙之長，得始炁於日中，而爲孝仙王也。」自是孝悌王，悉將
仙家妙訣，及金丹寶鑑，銅符鐵卷，并上清靈章飛步斬邪之，一一
傳授與蘭公。

小說中的描寫幾乎是完全按照道教文獻中所載的事跡，不同的是賦予孝悌王
姓字，說他「姓衛名弘康字伯沖」，並以蘭公爲「孝道明王」，許遜爲「孝仙
王」而已。由於許遜的孝仙形象鮮明，在四川德陽地區還流傳一則民間故事，
說許遜在旌陽做縣官時，時時思念著幾千里外的母親在家沒人伺候。他白天
料理公務，晚上就用一根竹桿當馬，回江西洪都老家幫母親料理家務，並因
此牽引出其母試騎竹杖，導致法術失靈，這遜趕不回四川，而有土地代理其
職務的有趣傳說。〔註45〕

　　道教孝道文學與民間傳說故事也具著互相汲取吸收的情形，此以孝仙的
故事爲主，例如見於道藏本《搜神記》中因行孝成仙的馬大仙，在民間即甚
受崇仰，其事廣爲流傳，道光《福建通志》卷二六三載其事云：

　　馬仙姑，建安將相里人，嫁期年而寡，紡織養姑，出入徒跣，展蓋
　　渡溪，不假舟筏。嘗語人曰：我非世人，奈姑在耳。或旱暵，鄉人
　　輦迎祈雨，立應。後，姑以壽終，喪事畢，遂飛升去。

不僅表現其靈感，也體現其孝順形象。而其「在民間的傳說非常混雜，各
地百姓都把馬仙姑說成本地人，當然，這也反襯馬仙姑在各地都有影響。」
〔註46〕

〔註45〕同註30，頁154～156。
〔註46〕見徐曉望〈福建民間信仰源流〉，福建教育出版社，1993年12月，頁270。

　　道教以孝道與神仙信仰結合的觀念也影響到民間對佛教神明的傳說，如
《古今圖書集成・神異典》卷七十九引《汝州志》云：

> 大悲菩薩相傳爲楚莊王第三女也，諱曰妙善，天性貞潔，孝事父
> 母，常指香山曰：彼可居也。後莊王病篤，百治不效。公主侍藥甚
> 謹。有神醫：「必得親人手眼，方可以療。」公主遂割手眼，送父爲
> 食，病即獲痊。公主亦此坐化。醫曰：「此大悲菩薩也。」言迄不見。
> 蓋仙人來驗公主之孝耳。……

地方傳說抹上了道教色彩，「這裡觀音不僅是因孝成仙的神仙，而且妙莊王改
爲楚莊王，觀音也就順理成章成了中國人。」〔註47〕

　　因孝成仙思想的普及，也影響到明清戲劇的內涵，明清士人喜假神道以
設教，此由扶乩風氣盛行士人階層，依託道教仙人之口以勸世的作品大量出
現，即可見一斑，明清文人所作戲文，也可見其用心。例如明代大儒邱濬之
《五倫全備忠孝記》傳奇，即是宣揚倫全、倫備兄弟因力行忠孝而位登仙品
之可貴，邱濬曾爲《文帝孝經》作序，顯見其甚爲肯定以道教信仰宣揚人倫
義理的作用。清人韓錫胙撰《漁村記》傳奇，則寫慕蒙因父母死亡，廬墓十
二年，朝夕銜哀哭奠，瑤池金母特遣弟子梅影下凡和慕蒙成親，勸他自修煉
藥以成仙，使父母的靈魂得以入道成眞。完全體現了道教孝道思想，加入了
金丹要旨及神仙信仰，受道教影響甚深。明代無名氏所作《孝順歌》傳奇（一
名《二十四孝》），也是融合了孝道與道教金丹而成，此劇今無傳本，據黃文
暘《曲海總目提要》卷十五云：

> 孝順歌
> 　　一名二十四孝，明末人所作，不知姓名。演女媧氏煉石補天，攝
> 　　古人精魄，將身前事現身敷陳，教人孝順，故以爲名。……略云
> 　　女媧聖母奉玉帝敕旨，重補天缺，採五色精華之石修煉，丹爐輕
> 　　清之氣，已將凝聚上升，爲下煞氣沖散，乃以五行金寶丹置鼎中，
> 　　命五丁神將守護，少頃，煞氣并丹鼎沖倒，女媧大驚，慧眼觀之，
> 　　乃下界缺陷難完，於是攝古今最著二十四孝之精魄，今其將生時
> 　　孝道詳演之。天下士庶，悉皆感化，親心愉悅。女媧奏聞玉帝，
> 　　命將二十四孝俱引上天。別類分門：以大舜、漢文帝爲帝孝，曾

〔註47〕見鄭土有《曉望洞天福地・中國的神仙與神仙信仰》陝西人民教育出版社，
　　　　1991年9月，頁295。

參、閔損、仲由爲賢孝，萊子、姜詩爲順孝，黃香、陸續爲幼秀，
剡子、孟宗、庾黔婁、黃庭堅爲病孝，吳猛、王祥、郭巨、董永、
朱壽昌爲苦孝，江革、蔡順、楊香爲難孝，王袞、丁蘭爲追孝，
唐氏爲女孝。玉帝召入殿前，賜宴黃金闕內，太白金星陪位，以
昭示寵榮。……

將二十四孝俱引上天，以示榮寵，正是道教行孝成仙的表現，這樣的形式正
可對百姓造成較大的吸引力，「而明清兩代中央法令之所以屢次提倡扮『神仙
道扮及義夫節婦、孝子順孫』的戲曲，就是認識到這些戲曲『事關風化，可
以興起激勸人爲善之念』。」〔註48〕

　　除此之外，道教中幾位以孝著稱的神仙，也受到部分文人的推崇，將其
列入其作品中加以稱揚，如宋・林同《孝詩》，歌頌歷代孝子事跡，其中即列
有神仙孝子五人，今錄其五人於下：

老子

　　送孔子曰：爲人子者，無以爲己。

　　子之於父母，毋以有其身，老子元盧祖，諄諄此語人。

孝悌王

　　有眞人下降兗州孝子蘭公之家，曰：吾斗中爲孝悌王。

　　七星明歷歷，萬古仰煌煌，誰識斗宮內，中居孝悌王。

許眞君

　　鄉舉孝廉，後得仙，蘭公云：傳孝道之宗，爲眾仙之長。

　　鄉以孝廉舉，仙爲孝道宗，謂予言不信，君請問蘭公。

吳眞君

　　年七歲，夏月伏身父母床下，不驅蚊，曰：恐去己而噬親也。

　　何事不驅蚊，癱然床下身，傷膚非所懼，所懼去傷親。

蘇仙公

　　得仙道白日上昇，留一空櫃與母，曰：若有所需，敲櫃即得。

　　世傳蘇氏子，白日去登仙，念母留空櫃，敲櫃即得錢。〔註49〕

其所詠之孝子，除了老子乃推許其言論，而事蹟不顯著之外，餘皆爲道教中
盛傳之孝仙事蹟。另一個以孝著稱之文昌帝君，則見於清代張之洞等人所編

〔註48〕 見郭英德《世俗的祭禮》，北京：國際文化出版公司，1988 年 5 月，頁 183。
〔註49〕 見曹秋岳輯《學海類編》第三冊，台北：文源書局，1964 年 8 月，頁 1560。

之《百孝圖》中，其云：

> 李子曰：周初有張善勛者，吳會間人。年三十六，疫毒流行，人無
> 免者，父母皆於盛暑中得疾而逝。於是自持畚鍤，經營大事，於墓
> 傍倚盧枕塊，以終三年。常有白雉一雙，棲於林上，每遇祭尊飛鳴
> 而下，俯仰咿啞，如欲言者。及終制而。越二年，墳西三十里，洪
> 水暴發，平陸成溪，以墳爲岸，水勢頗急。善勛心懼，乃齋戒守墳，
> 日夜誦大洞經不輟，并取家藏金像（或曰原始天尊像）而嚴事之，
> 期以無虞。次年秋雨霖霪，傍溪湧漲，數流爲一，善勛益恐。及水
> 落視之，則墳前溪谷，變成堅埒。廣一里餘，自是松楸無害矣。事
> 載文帝化書。善勛，即文帝降神之所化也。至誠無間，上通於天者
> 類如此。〔註50〕

由此亦可看出文昌帝君被塑造成孝道神明之成功，其事蹟乃能受到文人之稱
揚，而道教以孝道結合神仙信仰的，也成了一些文學作品創作的題材。

〔註50〕見清・張之洞《白話百孝圖》，河北：民族出版社，1993 年 8 月，頁 297。

第五章 結 論

　　道教之興，適逢儒家定於一尊，政治社會提倡孝道不遺餘力之漢代，此時佛教猶屬傳入初期，影響未鉅，故道教之初期教義，主要配合董仲舒以來摻雜陰陽五行之儒家學說，提出以孝道融合長生信仰的中心思想，故《太平經》云：「天地與聖明所務，當推行而大得者，壽孝爲急。壽者，乃與天地同優也。孝者，與天地同力也。壽者長生，與天同精。孝者，下承順其上，與地同聲。此二事者，得天地之意，凶害自去。深思此意，太平之理也，長壽之要也。」〔註1〕此一教義形成了道教孝道思想之核心，其後葛洪更提出以成仙爲揚名顯親之方法，使得孝道與神仙信仰獲得調和，做了更緊密的結合。

　　《太平經》以「孝道」對佛教提出抨擊，然以其教未盛，故未直指其名，而至魏晉之後，佛教大興，道教欲與其一爭長短，一方面攝取其儀式戒律之形式以爲己用，使孝道思想在齋醮科儀及戒律獲得具體的實踐，另一方面則與儒士聯合，針對佛教出家，不拜君王父母及禁欲主義等大加撻伐，迫使佛教極力調和教義與孝道之衝突，並對道教提出反擊。二者在這方面的互相攻訐，卻促使雙方都有提倡孝道之經典和文學作品出現，使孝道成爲儒、釋、道三教融合的表徵。

　　就現存道教孝道文學作品來看，唐宋金元時期以青詞及仙傳爲主，間有全眞道士勸孝詩詞之作，爲數甚少，內容復多屬贈作，說教意味甚濃。至於青詞以其四六文的形式，對仗工整及駢麗文辭稱勝，深獲文人重視。仙傳則甚具道教幻化特色。宣揚行孝成仙及孝感遇仙的思想，形成與民間傳說難以

〔註1〕　《太平經合校》卷七十三～八十五〈闕題〉，台北：鼎文書局，1979 年 7 月，頁 310。

分割的作品。

明清時期，出現了針對報父母恩之報恩齋科儀的編纂，其科儀文中包含大量宣揚父母恩德的韻文，深受佛教作品的影響，如道教《報恩齋左案全集》、《報恩鴻齋集》等，顯受敦煌佛教孝道歌讚《十恩德讚》、《父母恩重讚》等之影響，甚至有抄襲《佛說父母恩重難報經》頌文之處。不過，它還是在形式和語言做了一些變化。另外由於扶乩之風大盛，出現了大量仙人之詩文集，藉神諭以勸世，形成集體創作之宗教文學。

保存於台灣道教文獻中之講唱本，其具體時代雖難遽以判斷，不過它乃承襲自佛教俗講之方式，場所則為法會科儀之中，內容主要為宣唱十月懷胎歌、二十四孝及目蓮救母故事等。

至於道教孝道文學之內涵，要而言之可分三部分，一為宣揚父母恩德，此又可區分為二系，即「十恩德」之誦揚及「十月懷胎」之描述，由於其語言情真意摯，充分體現父母養育子女之勞苦，故而流傳甚廣，不僅佛道二教大加宣揚，即在寶卷及各地民間歌謠亦多可見相同之內容，這方面的作品也顯示了道教孝道文學與民間歌謠緊密結合的關係。二為孝子故事傳說，包括孝道神明形象之塑造，孝感遇仙之奇蹟，以及二十四孝故事之增益等。除了道教本身之創作，也採擷民間傳說及儒、佛二十四孝說而成。三為行孝方法之論述，除了極力闡述儒家孝道思想，如「誠敬」、「養志」及「慎終追遠」等，也強調出家修道為報恩方法，認為「一子得道，九祖生天」，藉成仙以顯揚父母，或以孝道為成仙之根基，貫徹自《太平經》以來孝道與神仙信仰結合之思想。

道教孝道文學中之青詞、科儀文及講唱本等，都是其科儀中之成分，體現了宗教文學與儀式緊密結合的特點，在莊嚴而哀戚的氣氛中表達孝思，更能感觸人心，收教化之功。其廣為吸納儒家義理及佛教文學，表現三教合一的精神，並與民間歌謠及民間傳說彼此吸收融合，是道教孝道文學能夠普遍留存於民間的原因之一，至今猶能於各地民間道教法會中，由道士呈現予社會大眾，具有著淑世教化之用作。而其傳說故事、語言文辭及行孝成仙之思想等，也滲透了寶卷、小說及戲曲等文學作品，對其題材、內涵產生莫大的影響。

參考書目

一、專　著

1. 許師端容，《二十四孝研究》，中國文化大學中國文學研究所碩士論文，1981 年 6 月。

2. 《十三經注疏》，藝文印書館，1989 年 1 月十一版。

3. 晉・陳壽，《三國志》，台北：鼎文書局，1979 年 2 月二版。

4. 王景琳、徐匋，《中國民間信仰風俗辭典》，北京：中國文聯出版公司，1992 年 12 月一版一刷。

5. 呂宗力、欒保群，《中國民間諸神》，台北：學生書局，1991 年 10 月初版。

6. 田仲一成，《中國宗族與戲劇》，上海古籍出版社，1992 年 8 月一版一刷。

7. 卿希泰編，《中國道教》，上海：知識出版社，1994 年 1 月一版一刷。

8. 任繼愈編，《中國道教史》，上海人民出版社，1990 年 6 月一版，1990 年 10 月二刷。

9. 卿希泰編，《中國道教史》，第一卷，四川人民出版社，1988 年 4 月一版，1992 年 5 月二刷。

10. 卿希泰編，《中國道教史》，第二卷，四川人民出版社，1992 年 7 月一版一刷。

11. 卿希泰編，《中國道教史》，第三卷，四川人民出版社，1993 年 10 月一版一刷。

12. 傅勤家，《中國道教史》，台灣商務印書館，1992 年 9 月台一版十刷。

13. 劉精誠，《中國道教史》，台北：文津出版社，1992 年 7 月初版一刷。

14. 《中國歌謠集成廣西卷》，北京：中國社會科學出版社，1992 年 7 月一

版一刷。

15. 《太平經合校》，台北：鼎文書局，1979 年 7 月初版。

16. 宋・李昉等，《太平廣記》，上海古籍出版社，1990 年 12 月一版，1991 年 10 月二刷。

17. 清・方苞，《方望溪全集》，中國書店，1991 年 6 月一版一刷。

18. 郭英德，《世俗的祭禮》，北京：國際文化出版公司，1988 年 5 月一版一刷。

19. 清・陳夢雷，《古今圖書集成・神異典》，台北：鼎文書局，1985 年。

20. 呂錘寬，《台灣的道教儀式與音樂》，台北：學藝出版社，1994 年 1 月初版。

21. 賴碧霞，《台灣客家山歌》，台北：百科文化事業公司，1983 年 1 月初版。

22. 黃文博，《台灣冥魂傳奇》，台北：台原出版社，1992 年 12 月一版一刷。

23. 余象斗等，《四遊記》，上海古籍出版社，1986 年 1 月一版一刷。

24. 梁・僧佑、唐・道宣，《弘明集、廣弘明集》，上海古籍出版社，1991 年 8 月一版一刷。

25. 《正統道藏》，藝文印書館影印，1962 年 8 月。

26. 清・張之洞，《白話百孝圖》，民族出版社，1993 年 8 月一版一刷。

27. 康學偉，《先秦孝道研究》，台北：文津出版社，1992 年 10 月初刷。

28. 鄺國強，《全真北宗思想史》，廣州：中山大學出版社，1993 年 6 月一版一刷。

29. 黃文暘，《曲海總目提要》，台北：新興書局，1967 年 8 月。

30. 饒宗頤，《老子想爾注校證》，上海古籍出版社，1991 年 11 月一版一刷。

31. 《宋大詔令集》，台北：鼎文書局，1972 年 9 月初版。

32. 孫克寬，《宋元道教之發展》，東海大學，1965 年 5 月初版。

33. 許地山，《扶箕迷信底研究》，台灣商務印書館，1986 年 2 月五版。

34. 張澤洪，《步罡踏斗——道教祭禮儀典》，四川人民出版社，1994 年 7 月一版一刷。

35. 柳存仁，《和風堂文集》，上海古籍出版社，1992 年 10 月一版一刷。

36. 中國社科院世界宗教研究所編，《宗教・道德・文化》，寧夏人民出版社，1988 年 4 月一版一刷。

37. 晉・葛洪，《抱朴子》，叢書集成新編第二十冊，台北：新文豐出版社，1985 年 1 月。

38. 曹本治、蒲亨強，《武當山道教音樂研究》，台灣商務印書館，1993 年 12 月初版一刷。

39. 段平纂集，《河西寶卷選》，台北：新文豐出版社，1992 年 3 月台一版。

40. 唐・道世，《法苑珠林》，上海古籍出版社，1991 年 8 月一版一刷。

41. 張廣保，《金元全真道內丹心性論研究》，台北：文津出版社，1993 年 7 月初版。

42. 楊光文、甘紹成，《青詞碧簫──道教文學藝術》，四川人民出版社，1994 年 7 月一版一刷。

43. 陳援庵，《南宋初河北新道教考》，台北：新文豐出版社，1977 年 7 月初版。

44. 南朝宋・范曄，《後漢書》，台北：鼎文書局，1978 年 11 月三版。

45. 《施博爾藏台灣道教文獻》，影印本。

46. 唐・房玄齡等，《晉書》，台北：鼎文書局，1979 年 2 月二版。

47. 《國際道教科儀及音樂研討會論文集》，香港圓玄學院，1989 年。

48. 《第二屆道教科儀音樂研討會論文集》，北京：人民音樂出版社，1991 年 12 月一版一刷。

49. 蘇海涵編，《莊林續道藏》，台北：成文出版社，1975 年台一版。

50. 鄭師阿財，《敦煌孝道文學研究》，台北：石門圖書公司，1982 年 8 月初版。

51. 大淵忍爾，《敦煌道經・圖錄編》，東京：福武書店，1979 年 2 月。

52. 馬書田，《華夏諸神》，北京：燕山出版社，1990 年 2 月一版，1990 年 5 月。

53. 宋・歐陽修，《新唐書》，國泰文化公司，1977 年 1 月初版。

54. 宋・沈括撰，胡道靜校注，《新校正夢溪筆談》，香港：中華書局，1975 年一版。

55. 王明，《道家和道教思想研究》，中國社會科學出版社，1994 年 6 月一版，1990 年 8 月三刷。

56. 日・福井康順等監修，朱越利譯，《道教》，第一卷，上海古籍出版社，1990 年 6 月一版一刷。

57. 日・福井康順等監修，朱越利、徐遠和等譯，《道教》，第二卷，上海古籍出版社，1992 年 11 月一版一刷。

58. 日・福井康順等監修，朱越利、馮佐哲等譯，《道教》，第三卷，上海古籍出版社，1992 年 11 月一版一刷。

59. 伍偉民、蔣見元，《道教文學三十談》，上海社會科學院出版社，1993 年 5 月一版一刷。

60. 詹石窗,《道教文學史》,上海文藝出版社,1992 年 5 月一版一刷。

61. 許地山,《道教史》,台北:久大文化,1987 年 10 月初版。

62. 劉鋒,《道教的起源與形成》,台北:文津出版社,1994 年 4 月初版。

63. 黃兆漢,《道教研究論文集》,中文大學出版社,1988 年。

64. 葛兆光,《道教與中國文化》,台北:東華書局,1989 年 12 月初版。

65. 劉守華,《道教與中國民間文學》,台北:文津出版社,1991 年 12 月初版。

66. 卿希泰,《道教與中國傳統文化》,福建人民出版社,1990 年 9 月一版,1992 年 6 月二刷。

67. 蒲亨強,《道教與中國傳統音樂》,台北:文津出版社,1993 年 3 月初版。

68. 黃兆漢,《道教與文學》,台北:學生書局,1994 年 2 月初版。

69. 朱越利,《道經總論》,遼寧教育出版社,1991 年 12 月一版,1992 年 6 月二刷。

70. 任繼愈編,《道藏提要》,中國社會科學出版社,1991 年 7 月一版一刷。

71. 陳國符,《道藏源流考》,台北:古亭書屋,1975 年 3 月台一版。

72. 賀龍驤校勘、彭文勤等纂輯,《道藏輯要》,台北:考正出版社,1971 年 7 月。

73. 東漢・班固,《漢書》,台北:鼎文書局,1979 年 2 月二版。

74. 胡德編,《滬諺外編》,台北:天一出版社,1973 年 1 月初版,1974 年 11 月再版。

75. 徐曉望,《福建民間信仰源流》,福建教育出版社,1993 年 12 月一版一刷。

76. 《劉申叔先生遺書》,台北:華世出版社,1975 年初版。

77. 曹秋岳輯,《學海類編》,台北:文源書局,1964 年 8 月初版。

78. 鄭土有,《曉望洞天福地・中國的神仙與神仙信仰》,陝西人民教育出版社,1991 年 9 月一版一刷。

79. 《韓湘子傳》,台北:文化圖書公司,1983 年 2 月。

80. 《韓湘子寶傳》,台中:聖賢雜誌社,1983 年 10 月再版。

81. 《藏外道書》,巴蜀書社,1992 年 8 月一版一刷。

82. 《蟠桃宴記、洞冥寶記合篇》,台北清正堂重刊,1970 年 6 月。

83. 湯一介,《魏晉南北朝時期的道教》,台北:東大出版社,1988 年 12 月初版。

84. 胡孚琛,《魏晉神仙道教》,北京:人民出版社,1989 年 6 月一版,1990

年 3 月二刷。

85. 北齊‧魏收，《魏書》，台北：鼎文書局，1979 年 2 月二版。

86. 明‧馮夢龍，《警世通言》，台北：里仁書局，1991 年 5 月。

87. 李剛，《勸善成仙——道教生命倫理》，四川人民出版社，1994 年 7 月一版一刷。

88. 清‧紀昀，《續文獻通考》，台北：新興書局，1963 年。

二、期刊論文

1. 陳兵，〈元代江南道教〉，《世界宗教研究》，1986 年二期。

2. 法‧施博爾，〈台灣之道教文獻〉，《台灣文獻》十七卷三期，1966 年 9 月。

3. 李豐楙，〈台灣儀式戲劇中的諧噱性〉，《民俗曲藝》，1991 年七十一期。

4. 馬曉宏，〈呂洞賓經誥考——呂洞賓著作考略之四〉，《中國道教》，1989 年二期。

5. 鍾肇鵬，〈扶乩與道教〉，《世界宗教研究》，1988 年四期。

6. 長虹，〈青詞瑣談〉，《中國道教》，1990 年二期。

7. 李剛，〈唐代江西道教考略〉，《世界宗教研究》，1992 年一期。

8. 卿希泰，〈淨明道在元代的傳承和更新〉，《世界宗教研究》，1992 年三期。

9. 李遠國，〈道教符籙與咒語的初步探討〉，《中國道教》，1991 年三期。

10. 秋月觀暎，〈道教與佛教的父母恩重經〉，《宗教研究》三十九卷四輯，1966 年 3 月。

11. 羅熾，〈道教醮儀頌偈祝咒探賾〉，《中國道教》，1990 年三期。

12. 馬曉宏，〈道藏等諸本所收呂洞賓書目簡注——呂洞賓著作考略之一〉，《中國道教》，1988 年三期。

13. 鍾肇鵬，〈《道藏提要》訂補〉，《世界宗教研究》，1993 年一期。

14. 龍晦，〈論敦煌道教〉，《世界宗教研究》，1985 年三期。

15. 李養正，〈論道教和儒家的關係〉，《世界宗教研究》，1992 年四期。